Montmorency Luxembourg.

Montmorency-Luxembourg.

TIRE A 200 EXEMPLAIRES

Exemplaire offert à

Montmorency-Luxembourg.

DU NOM DE

MONTMORENCY LUXEMBOURG

ET DU TITRE DE

DUC DE PINEY LUXEMBOURG

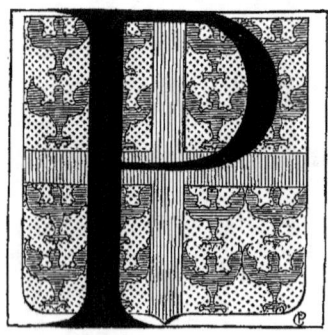OUR exposer d'une façon intelligible des faits relatifs à certaines institutions de l'ancienne France qui se sont transformées en se perpétuant jusqu'à nous, il convient, avant tout, de rendre aux mots la signification qu'ils avaient autrefois et d'indiquer les modifications que leur sens a subies, en même temps que les choses qu'ils représentaient changeaient elles-mêmes de forme et d'essence.

Ainsi, pour déterminer à qui appartiennent aujourd'hui, suivant l'Histoire et le Droit, les noms, titres et armes de la maison de Montmorency Luxembourg et le Duché Pairie de Piney Luxembourg, il est nécessaire d'examiner :

1° Ce qu'a été sous l'ancien Régime et ce qu'est, selon le droit moderne, le titre de Duc;

2° Ce qu'a été et ce que peut être un Duché femelle;

3° Dans quelles conditions le duché de Piney Luxembourg a été transmis depuis son érection jusqu'à nos jours.

De la réponse à ces trois questions, découlera d'une façon nécessaire la solution du problème.

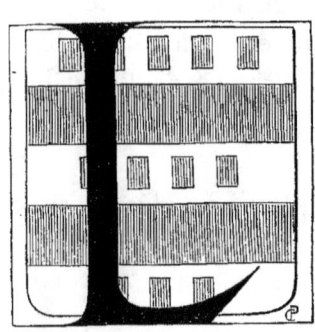E titre de Duc est à la fois le plus ancien et le plus élevé de ceux que les Rois de France ont conférés à leurs sujets. Seuls entre les gentilshommes titrés, les Ducs possédaient en France des honneurs particuliers et des prérogatives spéciales.

En dehors des autres raisons historiques qui motivaient cette distinction, on en trouve l'explication naturelle dans la *qualité* que le titre de Duc représentait.

En effet, le sang faisait le Gentilhomme, mais la Terre seule faisait le titre.

Nul n'était gentilhomme, s'il ne prouvait qu'il tenait son nom et ses armes d'une suite d'ancêtres nés nobles et dont aucun n'avait été anobli.

Nul, en droit, ne pouvait porter un titre, s'il ne possédait la terre à laquelle ce titre avait été attaché et si, en même temps, il n'avait reçu du Souverain, soit par lui même, soit par des ancêtres dont il descendait directement, légitimement et naturellement, de mâle en mâle, l'aptitude à porter ce titre. Ce n'était point l'homme qui recevait le titre, c'était la terre qui était, suivant son importance, sa contenance et, si l'on peut dire, sa *noblesse*, érigée en titre d'honneur. Cette qualification était en même temps subordonnée à l'état du possesseur; elle s'éteignait lorsque, par une vente ou par une transmission quelconque, la terre passait dans une autre famille ou qu'elle échéait à des héritiers qui, bien que portant les mêmes noms et armes et étant du même sang, n'étaient point directement issus de celui en faveur duquel la terre avait été érigée en titre d'honneur.

Or, la terre qualifiée Duché devait être plus importante, plus considérable, plus *noble*, que la terre érigée en marquisat ou en comté. Le nombre des fiefs nécessaires pour la constituer a varié suivant les temps. Il a fallu, à une époque, la réunion de quatre comtés d'un revenu annuel de 8,000 écus. Plus tard, on s'est restreint à un nombre indéterminé de fiefs relevant directement du Roi et formant *un ensemble jugé suffisant*.[1] Le revenu des terres devait en effet être en rapport avec la dignité dont elles étaient revêtues et il devait, sinon suffire, au moins contribuer puissamment à assurer au nouveau Duc et à ses descendants les moyens de tenir leur rang.

Cette terre qui, suivant certaines ordonnances, devait, à moins de clause dérogatoire, faire reversion à la couronne en cas d'extinction de la descendance mâle du titulaire,[2]

---

[1] Pour l'érection d'un Marquisat, l'arrêté du 10 mars 1578 et l'édit d'août 1579 déterminent qu'il faut trois Baronnies et trois Chatellenies mouvantes du Roi ou deux Baronnies et six Chatellenies; pour l'érection d'un Comté, deux Baronnies et trois Chatellenies, ou une Baronnie et six Chatellenies; mais ces ordonnances tombèrent bientôt en désuétude.

[2] Édits, Ordonnances et Déclarations de 1562, 1566, 1576, 1581 et 1582.

n'était réellement constituée en Duché que lorsque les lettres patentes d'érection, signées par le Roi et contresignées par un secrétaire d'État, avaient été enregistrées au Parlement. Faute d'enregistrement, le titre était viager et s'éteignait à la mort de l'impétrant.

Cette formalité accomplie, l'acte était parfait, sauf pour les Ducs et Pairs qui, de plus, avaient à prendre séance au Parlement de Paris. Le nouveau Duc avait désormais droit à toutes les prérogatives ducales : aux honneurs du Louvre, à la qualification de cousin du Roi, au tabouret pour sa femme, à la couronne d'or rehaussée de huit fleurons d'or à feuilles d'ache dont cinq visibles, timbrant l'écu, que les Pairs seuls imposaient sur un manteau d'azur fourré d'hermine.

Il était pourtant une catégorie de Ducs sans duchés qui participaient aux honneurs ducaux. Cette classe de gens titrés recevait du Roi un titre *nu* et un brevet d'honneurs. D'ordinaire, le titre était viager et l'obtention en avait été motivée par quelque arrangement de famille, dans une maison d'ailleurs ducale. Lorsque, par exemple, il semblait héréditaire, sa transmission n'en était pas moins, à chaque génération, soumise à une nouvelle concession royale. C'était un titre de courtoisie, qui différait des titres de cette nature en ce qu'il avait l'assentiment du Souverain, mais qui demeurait précaire tant qu'il n'avait point été attaché à une Terre.

On peut donc, sans crainte d'erreur, dire que les seuls Ducs héréditaires étaient ceux qui possédaient une Terre érigée en Duché et qui descendaient directement de celui en faveur duquel cette Terre avait été érigée.

Si la Terre, ainsi qualifiée Duché, donnait à son possesseur légitime et héréditaire certaines prérogatives, elle n'en était pas moins soumise aux mêmes règles et obligations que les autres Terres, quelle qu'en fût la qualification.

Une fois définie par les Lettres d'érection, elle ne pouvait, sans perdre son titre, être partagée ou divisée. Le propriétaire n'en pouvait rien distraire, vendre ou aliéner; il n'y pouvait rien incorporer (sauf clause contraire insérée dans les Lettres d'érection) sans l'autorisation expresse du Souverain. Elle devait être transmise telle qu'elle était et se comportait, conformément aux Lois et Coutumes, et celui qui en était légitime possesseur, en même temps qu'il devait remplir envers le Roi certaines obligations de vassalité et rendre hommage aux époques réglées, devait aux mêmes temps en fournir l'aveu et dénombrement.

L'union des fiefs constituant la Terre titrée avait pu être faite sous un nom qui ne fut ni le nom de la Terre, ni celui d'aucune des parties de cette Terre, mais, une fois imposé par les Lettres patentes d'érection, il demeurait tel, à moins qu'il ne fût changé par de nouvelles Lettres. Le Titre étant attaché à la possession réelle d'une Terre indivisible et impartageable ne pouvait nécessairement être porté que par le propriétaire de cette Terre. Le morcellement du nom terrien entre les enfants, avec addition de titres de fantaisie hiérarchisés selon le rang de géniture, est contraire aux notions historiques les plus élémentaires.

L'histoire de la Maison de Montmorency fournit à l'appui des règles que l'on vient d'exposer un exemple décisif.

Le Duché de Montmorency[1] est érigé au mois de juillet 1551, en faveur de Anne de Montmorency, Connétable de France, et de ses descendants mâles et femelles[2], par l'union à la Baronnie de Montmorency des terres et seigneuries d'Écouen, Chantilly, Montespillouer, Champversy, Courteil, Vaux-le-Creil, Tillays, le Plessis et la Villeneuve mouvantes du Roi.

En septembre 1551, on s'aperçoit que la terre et seigneurie d'Écouen est tenue et mouvante en fief des Religieux, Abbé et Couvent de Saint-Denys en France. Des Lettres patentes de ce mois distrayent Écouen du Duché, car « serait chose indécente, dit le Roi, que la terre et

---

[1] « Ayant mis en considération, est-il dit aux Lettres patentes, l'antiquité, grandeur et noblesse de la Maison des Seigneurs de Montmorency, les magnanimes et vertueux personnages qui en sont issus, les longs et remarquables services qu'ils ont fait à la défense et conservation de la couronne de France, à quoi ils se sont employés avec tel contentement de nos prédécesseurs rois. . .
. . . Sçavoir faisons que Nous ayant regard à ce que la Baronnie de Montmorency est la première Baronnie de France, étant de bon et gros revenu et dont sont tenus et mouvans grand nombre de fiefs et arrière-fiefs aucuns desquels sont tenus et possédés par notre dit cousin, ainsi que nous avons bien voulu le savoir de lui, et davantage il a auprès et joignant dudit Montmorency les Chastel, Terre et Seigneurie d'Écouen sous le ressort de notre prévôté de Paris; et plus avant il a encore les Chatellenies, Terres et Seigneuries de Chantilly, Montespillouer, Champversy, Courteil, Vaux-le-Creil, Tillays, le Plessis et la Villeneuve, tenus et mouvans de nous sous le ressort de notre bailliage de Senlis, en lesquels lieux d'Écouen et Chantilly il y a deux des plus belles maisons et aussi excellemment baties que nulles autres de notre Royaume, » etc.

[2] La Pairie est éteinte à défaut d'hoirs mâles, mais la Baronnie et les Terres y jointes demeure au titre et dignité de Duché pour être héritage des enfans ou héritiers mâles ou femelles ou des ayans cause d'iceux.

seigneurie d'Écouen, étant unie au Duché et Pairie de Montmorency, fut tenue en foy d'autres que de nous. »

En 1567, Anne de Montmorency transmet son Duché, — c'est-à-dire les Terres et le Titre, — à son fils François. A la mort sans hoirs de François (1579), Henri Ier, second fils de Anne, est investi, et il transmet (1614) sa propriété à son fils Henry II. Henry II de Montmorency est décapité à Toulouse le 30 octobre 1632. Il ne laisse point d'enfants, mais, en eût-il laissé, il n'eussent hérité ni du Titre, ni de la Terre. L'arrêt qui a condamné à mort le vassal révolté du Roi a prononcé la confiscation de ses biens: le Duché est déclaré éteint et réuni à la Couronne.

A défaut d'enfants, Henry II a des sœurs. L'une d'elles est mariée à Henry de Bourbon, Prince de Condé. Le Prince de Condé sollicite de Louis XIII et obtient de Richelieu le don de partie des biens confisqués sur son beau-frère; il se trouve propriétaire des Seigneuries ayant formé le Duché de Montmorency et, en mars 1633, il reçoit de nouvelles Lettres patentes réérigeant ce domaine, dont la terre de Chantilly est distraite, en Duché-Pairie, pour lui, sa femme et leurs descendants mâles ou femelles[1]. Les Condé demeurent possesseurs de la Terre et du Duché jusqu'à la Révolution; mais, en 1689, le Duché a changé de nom. Il ne se nomme plus Montmorency, mais Enghien, et c'est un autre Duché érigé sur une autre

---

[1] En 1633, en même temps que Chantilly, Vineuil, Saint-Firmin, Aspremont, Pontarmé, Montpilloir, Saint-Nicolas et les autres dépendances de Chantilly, « non comprises au don et remise par nous faite, » sont distraites du Duché primitif.

Terre qui, de 1689 à 1790, porte le nom de Montmorency.

En 1689 en effet, François-Henry de Montmorency-Luxembourg, duc de Piney-Luxembourg, obtient du Prince de Condé de faire rentrer dans la famille de Montmorency le titre de Duc de Montmorency. Comme ce Titre doit reposer sur une Terre et que cette Terre doit être de qualité à être érigée en Duché, François-Henry, (le Maréchal de Luxembourg,) a fait acheter, le 18 mars 1688, par son fils aîné[1], Charles-François-Frédéric, des descendants de Gabrielle d'Estrées, moyennant la somme de 460,000 Livres[2], les terres et seigneuries ayant constitué le Duché-Pairie de Beaufort, en Champagne : c'est-à-dire la Baronnie de Beaufort, les Seigneuries de Soulaines, Larzicourt, La Hort, Jaucourt et Villemahieu, le tout relevant en plein fief du Roi à cause de la Tour du Louvre. En mai 1688, il a obtenu des Lettres patentes réérigeant ces terres, sous le nom de Beaufort, en Duché non Pairie en faveur du même Charles-François-Frédéric de Montmorency-Luxembourg, son fils aîné, et de ses hoirs *mâles et femelles*[3], et, un an plus tard, en octobre 1689, il obtient de nouvelles Lettres patentes changeant, avec l'agrément du Prince de Condé, la dénomination de Montmorency

---

[1] Dans le contrat d'acquisition, il se qualifie : Charles-François-Frédéric de Montmorency-Luxembourg, Prince de Tingry, Duc et Pair de France.

[2] Partie de cette somme est fournie par la dot de Marie-Anne d'Albert, épouse de Charles-François-Frédéric, fille de Charles-Honoré d'Albert, Duc de Luynes, et de Jeanne-Marie Colbert. A cause du mariage, le Marquis de Seignelay, oncle maternel, a donné aussi la somme de 50,000 Livres.

[3] « Tant mâles que femelles, nés et à naître, en loyal mariage. »

en celle d'Enghien, et la dénomination de Beaufort en celle de Montmorency.

En 1762, le petit-fils de Charles-François-Frédéric meurt sans laisser d'hoirs mâles. Lorsque sa fille aînée épouse, avec l'agrément du Roi, le 2 mars 1767, son cousin, Anne-Léon de Montmorency, marquis de Fosseuse, il semble que, d'après les Lettres patentes de 1688 et de 1689, elle ait, sans aucun doute, le droit de porter à son mari le titre de Duc de Montmorency, mais il faut qu'il soit prouvé, — et de nouvelles Lettres patentes le constatent, — « que l'entière propriété du Duché de Montmorency est restée à la demoiselle de Montmorency-Luxembourg aînée. »

Ainsi, voici une Baronnie érigée avec ses dépendances en Duché au profit d'une famille qui porte le même nom que la Baronnie. Elle perd son Titre parce que son possesseur a manqué à son devoir féodal. Elle le recouvre, mais au profit d'une famille nouvelle et qui ne porte point le nom du premier impétrant. Puis elle change elle-même de nom et, du consentement de son possesseur, elle est débaptisée en quelque sorte, pour que son nom puisse être transporté sur une autre Terre. Le Titre est donc, dans l'ancien droit, inséparable de la possession du domaine, et du domaine tout entier tel qu'il a été défini. De même qu'on ne peut se qualifier seigneur d'une seigneurie non existante, on ne peut se dire, et surtout être, Duc d'un Duché qui n'existe pas. Frappée d'une substitution qu'ont réglée les Lettres d'érection et les pactes de famille, la Terre titrée, le Duché surtout, se transmet comme la couronne de France dont elle relève[1]. Le Droit divin ne régit pas seulement la succession au Trône, mais la succession à chacun des fiefs. Le système est entier, il est complet, il est logique; même décadent et sur le point de périr, il est par ses lois, ses formes, ses traditions survivantes : la Féodalité.

Les Titres furent abolis par les Décrets de l'Assemblée constituante, en date des 19 juin 1790 et 27 septembre 1791. L'abolition des Titres était la conséquence de l'abolition du Régime féodal. Les Terres cessant d'être mouvantes les unes des autres, les devoirs du vassal et les droits du suzerain étant supprimés, l'égalité des partages remplaçant le système biblique du Droit d'aînesse, les substitutions étant abolies, l'édifice ancien s'écroulant tout entier, les noms qui avaient servi à désigner chacune de ses parties devaient disparaître en même temps. A coup sûr, les membres de l'Assemblée constituante, dans la précipitation de leur œuvre hâtive ou dans leur ignorance de l'histoire sociale, commirent une grave erreur en décrétant, en même temps que la suppression des Titres qui tenaient à la Terre et que, par suite, leurs lois pouvaient

---

[1] Il est à remarquer pourtant que, en cas que la substitution soit éteinte par le fait qu'elle a traversé trois générations, l'appelé au Duché doit tenir compte aux héritiers de la valeur de la Terre. L'article vii de l'Édit de mai 1711 règle ce rachat. (Voir l'appendice.)

régir, la suppression de la Noblesse qui tient au sang, dont la loi peut anéantir les privilèges, mais dont elle ne peut modifier l'essence. Néanmoins, même à la Noblesse, ils avaient porté un coup terrible; car, des institutions nouvelles devait résulter pour les Gentilshommes dont la fortune n'était plus ni protégée par les substitutions, ni maintenue par le droit d'aînesse, un appauvrissement inévitable qui, à des époques anciennes, eût amené en grand nombre les cas de dérogeance, et qui, dans l'avenir, devait entraîner la perte du prestige, de l'influence et de l'autorité qu'assuraient à la Noblesse, en même temps que l'ancienneté de la race et les services rendus, la possession de grands biens héréditaires.

Napoléon Ier comprit cette situation, et quand, en rétablissant les titres héréditaires, il prétendit « entourer son Trône de la splendeur qui convient à sa dignité, » son premier soin fut de doter richement les nouveaux Titres qu'il créa[1]. En dehors des dotations provenant de la munificence impériale, les Décrets et Statuts du 1er mars 1808 admirent que des Titres héréditaires pourraient être conférés aux citoyens qui, remplissant certaines fonctions ou présentant par leur origine ou leur fortune des motifs suffisants à l'obtention de cette faveur, auraient

---

[1] Pour les trente-et-un Duchés et Principautés que Napoléon érigea, les dotations varient de 1,254,945 francs de rente (Berthier, Prince de Neufchâtel et de Wagram, ayant de plus les revenus de Neufchâtel dont il est Souverain) à 80,000 francs de rente. (Decrès, Junot, Macdonald.) Un seul n'a que 55,000 francs de rente, Kellermann.

constitué un majorat dont la quotité variait selon la hiérarchie adoptée pour les Titres[1].

L'Empereur rejetait, il est vrai, le système exclusif des érections de Terres en Titres d'honneur, ce qui eût semblé un retour au Régime féodal; les majorats pouvaient être formés de biens mobiliers ou immobiliers[2] mais nul Titre n'était héréditaire s'il ne comportait pour les titulaires à venir les moyens de le soutenir avec dignité[3].

La Restauration arriva, et, dans la Charte constitutionnelle, se glissa un article LXXI ainsi conçu: « *La Noblesse ancienne reprend ses Titres, la nouvelle conserve les siens.* » Là est l'origine de la confusion dans laquelle les Titres nobiliaires se trouvent en France depuis quatre-vingts ans.

En effet, comment la Noblesse ancienne pouvait-elle reprendre des Titres qui représentaient la Féodalité lorsque la Féodalité avait disparu et que la Charte même en était la négation? Comment pouvait-elle porter la

---

[1] Pour rendre transmissible de mâle en mâle, par ordre de primogéniture dans la descendance légitime, naturelle ou *adoptive* de l'impétrant un Titre de Chevalier, il faut constituer un majorat de 3,000 francs de revenu. Pour un Titre de Baron, le majorat doit être de 15,000 francs; de 30,000 francs pour un Titre de Comte, et de 200,000 pour un Titre de Duc.

[2] A la réserve du siège même du majorat, qui doit être une maison d'habitation.

[3] Dans le système impérial, le fils aîné du titulaire d'un majorat constitué porte le Titre immédiatement inférieur à celui du majorat; les fils puinés portent le titre de Chevalier; le nom, les armoiries et les livrées passent du père à tous les enfants.

qualification attachée à des Terres qui ne lui appartenaient plus, qui avaient été confisquées, aliénées, partagées ou morcelées et qui par suite avaient perdu cette qualification même? Comment pouvait-elle transmettre héréditairement le Titre d'une Terre qui n'était plus dans son patrimoine?

Quant à la nouvelle Noblesse, — sauf celle qui avait institué en France des majorats, qui y avait reçu ou transporté des dotations, — comment pouvait-elle rendre héréditaires des Titres qui ne l'étaient qu'à la condition expresse d'être attachés à des dotations, alors que toutes ou presque toutes ces dotations, prélevées sur les États conquis, avaient, en 1814, été perdues pour les donataires?

De fait, la plupart des Titres impériaux n'avaient désormais pas plus de raison d'être que les Titres féodaux, mais les intéressés étaient trop nombreux et trop puissants d'une part, avaient été, de l'autre, trop malheureux et trop fidèles pour qu'on pût songer à des mesures radicales, telles qu'une réorganisation logique des Titres nobiliaires. L'article LXXI de la Charte était une transaction comme la Charte elle-même, mais, en reconnaissant la coexistence d'institutions inconciliables, il rendait impossible à l'avenir toute réglementation et même toute vérification. Aux Titres qui avaient quelque justification vint, en effet, se joindre la masse des Titres pris et portés sans droit pendant les dernières années de la Monarchie et surtout pendant l'Émigration. Louis XVIII essaya, par l'Ordonnance du 25 août 1817, de remédier à ce désordre, mais il ne fit qu'y mettre le comble : l'Ordonnance n'était applicable qu'aux Pairs de France ; elle prescrivait que, dorénavant, nul ne serait appelé à la Chambre des Pairs s'il n'avait, préalablement à sa nomination, obtenu du Roi l'autorisation de former un majorat et s'il n'avait institué ce majorat[1] ; mais, en même temps, elle stipulait que le fils aîné de chaque Pair porterait, de droit, le Titre immédiatement *inférieur* à celui que portait son père, et que les fils puînés porteraient de droit le Titre inférieur à celui que portait leur frère aîné. L'article relatif aux majorats, bien que visé de nouveau par des Ordonnances de 1824, de 1828 et de 1829[2], ne fut que très rarement mis en pratique, mais celui relatif aux Titres des fils de Pairs reçut, par contre, une extension singulière. Tous les gens titrés se tinrent en droit de faire pour leurs enfants ce qui n'était légal que pour les Pairs. Ce fut là l'origine de ce qu'on appelle aujourd'hui les démembrements de Titres.

La Monarchie de Juillet, avec l'abolition de la Pairie héréditaire et l'abolition des majorats, donna le dernier coup à ce qui pouvait encore subsister de régulier et de conforme à la tradition dans la collation des Titres. Il n'y eut plus ni majorats constitués, ni dotations accordées, et

---

[1] Il y avait trois classes de majorats : la première de 30,000 francs pour les Ducs, la seconde de 20,000 pour les Comtes, la troisième de 10,000 pour les Vicomtes et Barons.

[2] Ces Ordonnances stipulent que tous les Titres créés à l'avenir ne seront héréditaires qu'à la condition que des majorats auront été constitués dans les mêmes conditions que ceux des Pairs de France.

pourtant on octroya des Titres de Duc, de Comte, de Baron, de Marquis, et ces Titres furent héréditaires.

Après la passagère suppression décrétée le 29 février 1848 par le Gouvernement provisoire et rapportée le 24 janvier 1852 par le Prince Louis-Napoléon, Président de la République, l'opinion s'émut du désordre qui régnait dans le port, la classification et la collation des Titres nobiliaires. Poussé par elle, le Gouvernement impérial sembla disposé à rentrer dans la voie que Napoléon Ier avait tracée, car le premier Titre qu'il créa, celui de Duc de Malakoff, fut accompagné d'une dotation de 100,000 Livres de rente. Les abus continuant, la question, portée devant le Sénat, fut déférée au Conseil d'État, mais celui-ci se borna à demander et à obtenir le rétablissement de l'article 259 du Code pénal, modifié suivant ce qu'il croyait être les besoins de l'époque[1].

La réinstitution du Conseil du Sceau des Titres, tel qu'il avait fonctionné sous Napoléon Ier, suivit de près; mais ce Conseil, considérant sa mission comme uniquement politique, avait d'ailleurs les mains liées par les lois et les décrets antérieurs, et il ne fit d'ordinaire, par les arrêtés qu'il présenta à l'approbation du Souverain, que donner

---

[1] L'article 259 du Code pénal interdisait le port des Titres autres que les Titres *Impériaux*. En substituant le mot *Royaux* au mot *Impériaux*, la Restauration le rendit inintelligible. La Monarchie de Juillet le supprima donc à juste titre. En le rétablissant, on substitua à l'ancienne rédaction une nouvelle portant des pénalités « contre quiconque aurait publiquement pris un Titre, changé, modifié ou altéré le nom que lui assignent les registres de l'État civil. » De tous les articles du Code, l'article 259 est, à coup sûr, le plus enfreint et le moins appliqué.

un vernis de légalité à des usurpations aussi contraires au droit historique que préjudiciables parfois aux intérêts particuliers.

L'exemple de la dotation accordée par les Chambres au Maréchal Pélissier demeura isolé[1]. Un grand nombre de Titres, même ducaux, furent créés, confirmés, substitués, sans qu'ils fussent accompagnés ni de dotations que le Souverain ne pouvait sans doute demander aux Chambres, ni de majorats, puisque l'institution de majorats était interdite par la Loi du 12 mai 1835. Les Titres octroyés par Napoléon III n'en furent pas moins héréditaires, comme les Titres conférés par Louis-Philippe.

Le Conseil du Sceau, pendant cette période, empêcha du moins, sinon le port clandestin, au moins l'étalage, par les Français, des Titres étrangers, que certaines chancelleries accordent, on sait à quelles conditions.

Ce dernier degré à descendre était réservé à l'époque actuelle. Depuis le 4 septembre 1870, le Conseil du Sceau, — sauf pendant une très courte période, — ne s'est nullement occupé des Titres nobiliaires. L'audace des usurpations est arrivée à son comble.

En attendant que le Gouvernement, — quel qu'il soit, — s'occupe d'une réglementation dont la nécessité s'im-

---

[1] On sait le sort qu'eut la demande de dotation en faveur du Général Cousin-Montauban, créé Comte de Palikao.

pose, quels principes peut-on déduire de cet exposé pour déterminer dans quelles conditions un Titre se transmet légalement?

En tout ce qui n'a point été modifié par les lois et décrets postérieurs, on doit se référer exclusivement à l'article LXXI de la Charte constitutionnelle de 1814, article visé par le Décret-Loi du 24 janvier 1852.

Ces mots « *la Noblesse ancienne reprend ses Titres* » impliquent une transformation du Titre féodal, représentatif de la Terre et du Fief, en une qualification d'honneur, analogue à certaines qualifications semblables usitées chez divers peuples européens, et cette qualification doit se transmettre comme se serait transmise la Terre à laquelle le Titre était attaché. De ces mots : « *La nouvelle Noblesse conserve les siens,* » on doit déduire que les Titres d'origine Napoléonienne se transmettent conformément aux Lettres d'institution, étant supprimée la clause relative aux majorats et aux dotations. Cela résulte d'ailleurs d'une Décision royale rendue le 4 octobre 1837.

La Législation du temps où le Titre a été conféré en suit donc la transmission à travers les âges, et il suffit de remonter à l'époque où il a été créé pour trouver sa *Loi*. Ainsi, pour les Titres conférés par Napoléon, on a le droit de croire qu'un adoptant peut les transmettre à un adopté, tandis que la même transmission est au moins discutable pour les Titres de l'ancien Régime, qui étaient réservés à la descendance mâle, légitime et naturelle de l'impétrant.

Par suite, au cas où une stipulation particulière se

trouve insérée dans les Lettres patentes de création, il n'est pas douteux que, quelle que soit l'époque où le Titre a été conféré, la clause doit avoir son exécution, pourvu qu'aucun acte souverain postérieur n'ait visé cette clause et n'en ait prescrit l'abrogation.

ANS quelques Lettres patentes, portant érection de Duchés et de Pairies, se rencontre cette clause spéciale : « Le Duché est créé, élevé et érigé en ces titre, nom et dignité pour en jouir par notre cousin N..., ses enfans et descendans, *tant mâles que femelles*, nés et à naître en légal mariage, à perpétuité, avec tous les honneurs, rangs, prérogatives et prééminences y appartenant. »

Cette clause, rare à coup sûr dans les érections faites au profit de simples gentilshommes, se rencontre d'ordinaire dans les érections faites au profit de membres de la Famille royale ou de Princes de Maisons souveraines. Elle a son effet, au cas de l'extinction des mâles, pour l'aînée des hoirs femelles, laquelle porte au mari que le Roi agrée pour elle le Duché qu'elle possède et le Titre dont ce Duché est revêtu, à condition d'ordinaire que le mari prenne et transmette à ses descendants, avec ses nom et armes, les nom et armes de la famille de sa femme.

Tel est le cas de la Seigneurie de Piney, érigée d'abord en Duché par Lettres patentes du mois de septembre 1576, enregistrées le 19 septembre 1577, et ensuite en

Pairie par Lettres d'octobre 1581[1], au profit de François de Luxembourg-Limbourg, Baron de Tingry[2].

François de Luxembourg appartenait à une branche cadette de cette Maison de Luxembourg qui a fourni à l'Allemagne quatre Empereurs et des Souverains à la Bohême, au Luxembourg, au Limbourg, à la Silésie, à la Gallicie, à la Moravie, au Brandebourg et à la Lusace. En France, elle avait été représentée par les Comtes de Ligny, de Saint-Pol et de Brienne, et par les Ducs de Penthièvre[3]. François de Luxembourg, qui fut plusieurs fois envoyé en ambassade à Rome par Henri III et Henri IV, était le second fils de Antoine de Luxembourg, Comte de Brienne, lequel était lui-même le troisième fils du Connétable Louis de Luxembourg, Comte de Saint-Pol, décapité en place de Grève le 19 décembre 1475. Du Connétable de Saint-Pol, par Pierre Ier mort en 1433, Jean mort en 1397, Guy tué à Baëswilder, Jean Waleran II et Waleran Ier, il remontait à Henri III dit le Grand, fondateur de la seconde Maison comtale de

---

[1] Enregistrement 29 décembre, première réception 30 décembre. (Voir les deux pièces à l'appendice.)

[2] La Baronnie de Tingry fut érigée en Principauté par Lettres de Henri III, en date du 11 janvier 1587. Elle fut aliénée le 1er avril 1640.

[3] Ce Duché-Pairie femelle, érigé par Lettres de septembre 1569 pour Sébastien de Luxembourg-Martigues, passa, par le mariage de sa fille, à Philippe, Emmanuel de Lorraine, Duc de Mercœur, dont la fille unique le porta à César-Duc de Vendôme. Il fut vendu ensuite au comte de Toulouse qui, en 1697, en obtint la réérection. Le fils du Comte de Toulouse, le Duc de Penthièvre, fut supposé l'avoir laissé, en 1798, à sa fille, la Duchesse d'Orléans, dont l'arrière-petit-fils, Pierre-Philippe-Jean-Marie d'Orléans, fils du Prince de Joinville, porte aujourd'hui le Titre de Duc de Penthièvre.

Luxembourg, élevée en 1353 à la dignité ducale.

I   François de Luxembourg, premier Duc de Piney-Luxembourg, meurt le 30 septembre 1613, laissant de Diane de Lorraine-Aumale, sœur de la femme de

II   Henry III, roi de France et de Pologne, un fils, Henry, qui meurt le 23 mai 1616 au siège de Jargeau.

Henry, qui a épousé Magdeleine de Montmorency, fille de Guillaume de Montmorency, Colonel général de la cavalerie légère, cinquième fils du Connétable Anne, n'a que des filles.

L'aînée, Marguerite-Charlotte, se marie deux fois. Elle épouse, le 5 juillet 1620, Léon d'Albert, Seigneur de Brantes, frère cadet du Connétable d'Albert, Duc de Luynes, et, ce Léon d'Albert, en prenant les nom et armes de Luxembourg, devient cessionnaire du Duché-Pairie de Piney. Cette cession est confirmée le 10 juillet 1620[1], et le 8 février 1621, Léon d'Albert de

III   Luxembourg est reçu au Parlement comme Duc de Piney, Pair de France. Il meurt le 25 novembre 1680, laissant deux enfants : Henry-Léon d'Albert de

IV   Luxembourg, Prince de Tingry, et Marie-Charlotte-Louise-Claire-Antoinette d'Albert de Luxembourg.

En 1633, Marguerite-Charlotte se remarie à Charles-

V   Henry de Clermont-Tonnerre, qui prend après son mariage le titre de Duc, mais n'en a que le Titre. Encore ce Titre n'est-il point confirmé officiellement par

---

[1] Voir à l'appendice les Lettres de confirmation.

le Roi. De ce second mariage vient une fille : Magdeleine-Charlotte-Bonne-Thérèse de Clermont-Luxembourg.

Voici donc trois enfants : un mâle et une femelle du premier lit, une femelle du second. Le mâle a des droits incontestables[1], mais il est interdit et incapable, et on le fait entrer dans les Ordres. Sa sœur entre aussi en religion et fait ses vœux à l'Abbaye aux Bois, diocèse de Noyon. Bien que le fait d'être engagé dans les Ordres ne constitue pas un empêchement absolu à la réception comme Duc et Pair laïc, on peut présumer dès à présent que les deux enfants d'Albert ne s'opposeront pas à ce que le Duché-Pairie passe sur la tête de leur sœur utérine.

C'est, en effet, ce qui arrive lorsque, le 28 mars 1661, François-Henry de Montmorency, Comte de Boudeville[2], souverain de Luxe, épouse Magdeleine-Charlotte-Bonne-Thérèse de Clermont-Luxembourg.

François-Henry de Montmorency est le fils posthume de François de Montmorency-Boudeville, IIIe du nom, Seigneur et Comte de Luxe, Baron de Précy-sur-Oise, Bailli et Gouverneur de Senlis, qui fut décapité en place de Grève le 22 juin 1627, et de Élisabeth de Vieue.

---

[1] Il a porté le Titre de Duc de Luxembourg et a même été interdit comme tel. Voir une pièce intitulée : *Motifs de l'Interdiction de Monsieur le Duc de Luxembourg contenant les plaintes que Messieurs ses parents adressent au Roy pour implorer sa justice.* S. l. n. d. 4° de 8 pages. (Bibl. Nat., 4°, F. 3, 19,982.) La possession par Henry-Léon d'Albert est d'ailleurs un des principaux arguments de Gerbier dans le Procès de 1770, dont il est question plus loin.

[2] Les documents que nous avons entre les mains donnent uniformément *Boudeville* et non *Bouteville* ou *Boutteville* jusqu'au xviiie siècle.

Louis de Montmorency de Hallot-Boudeville, son grand-père, époux de Catherine de Luxe, était fils de François de Montmorency de Hallot, lequel était le second fils de Claude de Montmorency, Sire de Fosseuse, dont le grand-père, Louis de Montmorency, fut, ainsi que son frère aîné fondateur de la branche de Montmorency-Nivelle-Hornes-Montigny, exhérédé par Jean de Montmorency II, son père, au profit d'un frère d'un second lit, Guillaume, lequel fut le père du Connétable Anne et l'auteur par suite de la première Maison ducale de Montmorency.

A l'occasion du mariage de leur fille, par contrat passé à Vincennes le 1ᵉʳ mars 1661 pour Leurs Majestés, à l'hôtel de Beaufort le 2 mars pour le futur, au château de Ligny-en-Barrois le 15 mars pour les Luxembourg, le Duc et la Duchesse de Piney-Luxembourg lui donnent le fonds et la propriété du Duché et Pairie de Piney; ils lui délaissent à elle et à son futur mari le titre de Duc de Piney et Pair de France, à condition de prendre et porter les nom et armes de Luxembourg avec les nom et armes de Montmorency. Le Duché et Pairie est substitué au fils aîné et aux fils et filles à venir de ce mariage, à la charge, défaillant les mâles, « *de contracter mariage par celle qui recueille la dite substitution et que celui qui l'épousera et ses enfans et ses descendans mâles indéfiniment porteront le nom et les armes de Luxembourg et de Montmorency.* »

Par le même contrat, le frère et la sœur de la future épouse renoncent en sa faveur à tous les droits qu'ils tiennent de leur père, et, de cette façon, après confirmation faite le même mois par le Roi en faveur des hoirs *mâles et femelles*[1], François-Henry de Montmorency-Luxembourg, qui a chargé en cœur la croix de son blason d'un écu d'argent au lion de gueules, couronné d'or, est authentiquement et réellement Duc de Piney. Il suffit, pour qu'il exerce les droits de Pair de France, qu'il prenne séance au Parlement : il est reçu le 22 mai 1662.

Voilà donc à quelles règles était soumise, jusqu'au XVIIIe siècle, la transmission d'un Duché femelle. C'était la procédure usitée pour la transmission des fiefs, des titres et même de la couronne souveraine en tous les pays où ce qu'on appelle en France la Loi salique n'était pas en vigueur. Partout, lorsque la femme n'était point Souveraine, il fallait, pour que la transmission fût parfaite, le consentement formel du Suzerain. Lors même qu'elle était Souveraine, il fallait, en certains cas, l'assentiment de la nation représenté par ses États. En Espagne, il est vrai, la femme demeurait seule propriétaire du Titre et de la Terre, n'associait que par courtoisie son mari à la possession[2] et transmettait directement à ses hoirs ce qui était demeuré son bien propre, tandis que, en France, c'était le mari qui, par son mariage, devenait non seulement administrateur, mais maître et propriétaire légitime du Titre et du Bien. Il exerçait réellement les droits de maître, et, après le décès de sa femme, continuait à porter le Titre et à jouir de la Terre que le Titre représentait : seulement, s'il n'avait point eu d'enfants, il ne gardait que

---

[1] Voir les Lettres de confirmation à l'appendice.
[2] En Angleterre, l'association courtoise n'existe même pas.

l'usufruit; la nue propriété lui échappait et retournait aux héritiers naturels.

A cette législation traditionnelle, un Édit de mai 1711 vint apporter une modification profonde. Cet Édit[2], dérogeant aux termes des Lettres d'érection, réglait pour l'avenir la transmission des Duchés-Pairies femelles : « Les clauses générales insérées ci-devant, y était-il dit, dans quelques Lettres d'érection des Duchés et Pairies en faveur des femelles et qui pourraient l'être dans d'autres à l'avenir, n'auront aucun effet *qu'à l'égard de celle qui descendra et sera la dernière de la Maison et du nom de celui en faveur duquel les Lettres auront été accordées* et à la charge qu'elle n'épousera qu'une personne que nous jugerons digne de posséder cet honneur et dont nous aurons agréé le mariage par des Lettres patentes qui seront adressées au Parlement de Paris et qui porteront confirmation du Duché en sa personne et descendance mâle, et n'aura ce nouveau Duc rang et séance que du jour de sa réception au Parlement sur nos dites Lettres. »

Telle fut désormais la loi[2] : une seule transmission

---

[1] Au mépris des droits acquis et des arrêts antérieurs, cet Édit, inspiré et, on peut le dire, arraché par les ennemis des Montmorency-Luxembourg, ramenait au 22 mai 1662 le rang du Duché-Pairie de Piney et interprétait les termes des Lettres de 1661 dans le sens d'une Érection nouvelle. On trouvera tous les détails de l'intrigue dans les Mémoires de Saint-Simon.

[2] Nous avons relevé divers exemples de transmissions faites depuis l'Édit de 1711 : on a vu plus haut le cas du Duché de Beaufort-Montmorency. Le Duché d'Aiguillon, réérigé par Lettres de janvier 1638, pour Magdelaine Vignerot, nièce du Cardinal de Richelieu, et ses ayans cause mâles et femelles, passe de la première titulaire à sa nièce, Thérèse Vignerot, qui se fait religieuse

féminine dut suffire pour épuiser la clause insérée dans les Lettres patentes d'érection des Duchés femelles, mais, au moins, n'est-ce qu'après l'accomplissement de cette unique transmission que la clause est périmée, et encore faut-il que cette transmission ait eu lieu.

Reste à examiner si, dans la Maison de Montmorency-Luxembourg et pour le Duché-Pairie de Piney-Luxembourg, une transmission féminine a donné lieu d'appliquer l'Édit de mai 1711 et, par suite, rendu de nul effet à l'avenir la clause contenue dans les Lettres d'érection de sep-

et meurt le 10 décembre 1705 ; après cette mort, procès entre le Duc de Richelieu, père de la défunte, et le Marquis de Richelieu, son cousin germain : celui-ci l'emporte, et son fils, Armand-Louis, obtient, le 10 mars 1731, un arrêt du Parlement pour être reçu Duc et Pair. Sans nous arrêter au Duché d'Aumale, dont la transmission au titulaire actuel est certainement féminine, puisqu'il a été érigé en faveur du Duc du Maine par Lettres de juin 1695, et au Duché de Croy dont l'historique nous mènerait trop loin, nous nous bornerons aux Duchés de Rethel-Mazarini et de Valentinois. Le Duché de Rethelois, réérigé par Lettres de décembre 1663, sous le nom de Mazarini, pour Armand-Charles de La Porte, Marquis de La Meilletaye, et sa descendance mâle et femelle, passe à son fils Paul-Jules (1666-1731), puis à son petit-fils Guy-Paul-Jules (1701-1739) qui, de Louise de Rohan-Chabot, n'eut qu'une fille, mariée au Duc de Duras, alors Duc de Durfort, et morte en 1735, avant son père. Ce fut la fille unique de cette fille qui, contrairement même aux termes de l'Édit de 1711, hérita, du chef de sa mère, du Duché de Rethel-Mazarin, qu'elle porta à Louis-Marie-Guy d'Aumont, lequel fut reçu au Parlement comme Duc de Mazarin. Elle n'eut elle-même qu'une fille, Louise-Félicité-Victoire d'Aumont, qui porta le Duché de Mazarin dans la famille Goyon-Grimaldi-Monaco. Le Prince prend officiellement (1885) le titre de Duc de Mazarin. Il est plus en droit de prendre le titre de Duc de Valentinois, Duché Pairie érigé par Lettres de mai 1642 en faveur de Honoré II Grimaldi. En effet, le troisième Duc, Antoine n'ayant eu que des filles de Marie de Lorraine-Armagnac, l'aînée porta le Duché de Valentinois, — la Pairie tombant et relevée par brevet du 24 juillet et Lettres de décembre 1715, — à Jacques-Léonor de Goyon-Matignon, substitué par contrat de mariage au nom de Grimaldi.

tembre 1576 et dans les Lettres de confirmation de mars 1661[1].

[1] La Loi, ainsi établie par l'Édit de 1711 au sujet des Duchés femelles, a eu même des applications sous le Régime impérial, qui en a repris la clause essentielle : ainsi, après la mort du Grand-Maréchal du Palais, Duroc, Duc de Frioul, de nouvelles Lettres patentes, en date d'octobre 1813, transmirent le Titre de Duc de Frioul à sa fille, Hortense Duroc, sous réserve de l'assentiment du Souverain pour l'époux qu'elle choisirait.

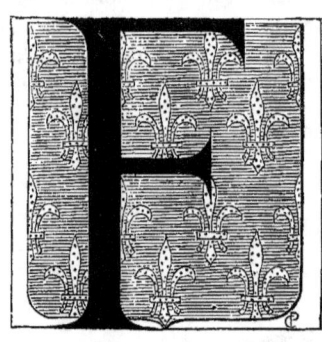RANÇOIS-HENRY DE MONT-MORENCY-LUXEMBOURG, VIᵉ Duc de Piney-Luxembourg (si l'on compte Henry-Léon, qui porta le Titre mais ne fut pas reçu, et Charles-Henry de Clermont-Luxembourg, qui porta le Titre peu régulièrement sans doute et ne fut ni confirmé, ni reçu)¹, le IVᵉ ayant pris, comme Pair de France, séance au Parlement, y fut reçu le 22 mai 1662. Il serait inutile d'indiquer que Louis XIV lui assigna tantôt, en 1676, le rang de la première création du Duché de Piney, tantôt, en 1711, le rang de la confirmation de 1661, si, de cette fixation de rang, on ne devait, par surérogation, tirer la preuve que ce n'est qu'à partir de cette date de 1661, et sans qu'il puisse être question d'effet rétroactif, que l'Édit de 1711 peut s'appliquer. De fait, le Duché est comme érigé à nouveau en 1661, et ce n'est que de 1661 que date son érection pour femelles.

De *Magdeleine-Charlotte-Bonne-Thérèse* DE CLER-

---

¹ On le lui donne pourtant au moins dans un acte authentique revêtu des signatures royales : le contrat de mariage de sa fille.

MONT-LUXEMBOURG, morte le 21 août 1701, le Maréchal de Luxembourg avait eu :

 A. Charles-François-Frédéric de Montmorency-Luxembourg, qui fut Duc de Piney-Luxembourg après son père.

 B. Pierre-Henry-Thibaut de Montmorency-Luxembourg, abbé d'Orcamp, mort le 25 novembre 1700.

 C. Paul-Sigismond de Montmorency-Luxembourg, Duc de Chatillon, qui forma la branche CHATILLON-OLONNE, laquelle hérita du Duché de Piney-Luxembourg après extinction des mâles de la branche aînée.

 D. Christian-Louis de Montmorency-Luxembourg, Prince de Tingry, qui forma la branche TINGRY-BEAUMONT, laquelle a dû hériter du Duché de Piney-Luxembourg après extinction des mâles de la branche Chatillon-Olonne.

 E. Angélique-Cunégonde de Montmorency-Luxembourg, Abbesse de Poussay, mariée, le 7 octobre 1694, à Louis de Soissons, comte de Noyers et de Dunois, Prince de Neufchâtel.

VII   CHARLES-FRANÇOIS-FRÉDÉRIC DE MONTMORENCY-LUXEMBOURG, en faveur duquel le domaine de Beaufort fut érigé, par Lettres de mai 1688, en Duché femelle non Pairie sous le nom de Beaufort, changé, par Lettres de septembre 1689, en celui de Montmorency, fut Duc de Piney-Luxembourg et Pair de France après la mort de son père, survenue le 4 janvier 1695. Il mourut le 4 août 1726, laissant de sa seconde femme, *Marie-Gillonne* GILLIER DE CLÉREMBAULT-MARMANDE :

VIII   CHARLES-FRANÇOIS-FRÉDÉRIC II DE MONTMORENCY-LUXEMBOURG, Duc de Montmorency jusqu'en 1726 et, à partir de cette date, Duc de Piney-Luxembourg et Pair de France; Charles-François-Frédéric II, appelé dans l'histoire le Maréchal Duc de Luxembourg, n'eut qu'un fils de sa première femme, *Marie-Sophie-Émilie-Honorate* COLBERT DE SEIGNELAY. Ce fils, Anne-François de Montmorency-Luxembourg, Duc de Montmorency, mourut avant son père, le 22 mai 1761, à l'armée du Bas-Rhin, laissant de Louise-Pauline de Montmorency-Luxembourg-Tingry :

    A. Mathieu-Frédéric de Montmorency-Luxembourg, Duc de Montmorency, mort le 17 juin 1761.

    B. Charlotte-Anne-Françoise de Montmorency-Luxembourg, héritière, après son frère, du Duché de Montmorency qu'elle porta à Anne-Léon de Montmorency-Fosseuse, attendu qu'elle était la dernière descendante de celui en faveur duquel le Duché de Beaufort-Montmorency avait été érigé. (*Application de l'Édit de* 1711.)

C. Magdeleine-Angélique de Montmorency-Luxembourg, morte le 27 janvier 1775.

Le Maréchal Duc de Luxembourg mourut le 18 mai 1764. Le Duché de Piney-Luxembourg et la Pairie passèrent dans la branche issue de Paul-Sigismond de Montmorency-Luxembourg, branche de Chatillon-Olonne-Boutteville.

IX

Cette branche était représentée en 1764 par CHARLES-PAUL-SIGISMOND DE MONTMORENCY-LUXEMBOURG, qualifié Duc de Chatillon, puis, après sa démission du Duché de Chatillon en faveur de son fils, appelé Duc de Bouteville[1]. Il était fils de Paul-Sigismond de Montmorency-Luxembourg, pour lequel le Comté de Chatillon avait été érigé en Duché non Pairie par Lettres de février 1696, et de Marie-Anne de La Trémoille, Marquise de Royan et Comtesse d'Olonne. Paul-Sigismond était le troisième fils (second successible) de François-Henry de Montmorency-Luxembourg, premier Duc de Piney de sa Maison.

Charles-Paul-Sigismond prit les armes pleines de sa Maison[2], mais ne se fit pas recevoir et, dès le mois d'octobre 1764, donna sa démission du Duché de Piney en faveur du fils qu'il avait eu de *Anne-Angélique* DE HARLUS DE VERTILLY :

---

[1] Permission du Roi pour changer le Titre de Duc de Chatillon en celui de Bouteville après l'Erection de Mauléon en Duché-Pairie sous le nom de Chatillon (mars 1736).

[2] La branche de Chatillon brisait les armoiries pleines de Montmorency-Luxembourg d'un lambel de trois pendants d'argent.

X   Charles-Anne-Sigismond de Montmorency-Luxembourg, qualifié Duc de Chatillon par démission paternelle, puis Duc d'Olonne après sa propre démission. Il ne prit pas non plus séance au Parlement et, le 27 janvier 1767, donna sa démission du Duché de Piney en faveur de l'aîné des fils qu'il avait eus de *Marie-Étiennette* de Bullion de Fervaques, sa première femme :

XI   Anne-Charles-Sigismond de Montmorency-Luxembourg, appelé Marquis de Royan, puis Duc de Chatillon-sur-Loing et enfin Duc de Luxembourg et de Piney. Il exerça le retrait du Duché de Piney[1], fut déclaré par le Roi dévolutaire du Duché et Pairie le 6 janvier

---

[1] Il y eut procès non sur le droit qu'il avait au Duché, mais sur la question de savoir s'il y était appelé par substitution ou s'il devait en faire le retrait conformément à l'article vii précité de l'Édit de mai 1711. — Voir *Précis pour le Duc et la Duchesse de Montmorency et le tuteur de la Demoiselle de Montmorency-Luxembourg contre Duc de Chatillon-sur-Loing* (signé Trousseau). Paris, 1770. 4° de 35 p. *Réflexions sur le nouveau système des Demoiselles de Montmorency concernant la propriété du Duché de Piney* (signé Gerbier). Paris, 1770. 4° de 15 p. *Mémoire pour le Duc de Luxembourg contre la Duchesse de Montmorency et la Demoiselle de Montmorency* (signé Gerbier). Paris, 1770. 4° de 55 p. *Résumé général de la cause du Duc de Luxembourg d'après le nouveau système des Demoiselles de Montmorency* (signé Gerbier). Paris, 1770. 4° de 19 p. *Exposé de la contestation d'entre M. le Duc de Luxembourg, Pair de France, d'une part, la Duchesse de Montmorency et la Demoiselle de Montmorency, sa sœur, d'autre part* (signé Gerbier). Paris, 1770. 4° de 10 p. et 1 tab. général. *Précis sur la demande en ouverture de substitution pour le Duc et la Duchesse de Montmorency et la Demoiselle de Montmorency-Luxembourg contre le Duc de Chatillon* (signé Collet). Paris, 1770. 4° de 18 p. *Mémoire pour le Duc et la Duchesse de Montmorency et le tuteur de la Demoiselle de Montmorency-Luxembourg sur le retrait ducal du Duché-Pairie de Piney-Luxembourg* (signé Collet). Paris, 1770. 4° de 62 p. *Réponse à l'Exposé distribué sous le nom du Duc de Chatillon pour le Duc, la Duchesse et la Demoiselle de Montmorency contre le Duc de Chatillon* (signé Collet). Paris, 1770. 4° de 24 p. *Actes pour le Duc, la Duchesse et la Demoiselle de Montmorency contre le Duc de Chatillon*. Paris, 1770, 4° de 16.

1769, fut reçu au Parlement en 1770 et mourut en émigration, laissant son Titre au seul fils qui lui survécût de son mariage avec *Magdeleine-Suzanne-Adélaïde* DE VOYER D'ARGENSON DE PAULMY :

XII   CHARLES-EMMANUEL-SIGISMOND DE MONTMORENCY-LUXEMBOURG, né en 1774, Duc de Piney-Luxembourg en 1803, mort en 1861 sans hoirs.

En 1861, le Duché, ou plutôt le Titre ducal de Piney-Luxembourg est éteint dans la branche de Chatillon. Reste-t-il dans la troisième branche, issue de Christian-Louis de Montmorency-Luxembourg, prince de Tingry, quatrième fils du Maréchal de Luxembourg, un mâle en état de le recueillir?

Cette branche est représentée, en 1861, par ANNE-
XIII   ÉDOUARD-LOUIS-JOSEPH DE MONTMORENCY-LUXEMBOURG, Duc de Beaumont, appelé le Prince de Luxembourg. Anne-Édouard-Louis-Joseph, né à Paris le 9 septembre 1802, est le fils de Anne-Christian de Montmorency-Luxembourg, appelé le Comte de Luxembourg, puis le Duc de Beaumont, né en 1767, mort en 1824, et de Anne-Louise de Bec-de-Lièvre de Cany. Anne-Christian est fils de Charles-François-Christian, Prince de Tingry, pour lequel le Comté de Beaumont fut érigé en Duché non Pairie par Lettres du 7 février 1765, et de Éléonore-Josèphe-Pulchérie des Laurents. Charles-François-Christian, mort en 1787, est le fils aîné de Christian-Louis de Montmorency-Luxembourg, dénommé successivement : le Chevalier de Montmorency, le Chevalier de Luxembourg, le Prince de Tingry, le

Maréchal de Montmorency, et de Louise-Magdeleine de Harlay de Beaumont. Christian-Louis, mort le 23 novembre 1746, est le quatrième fils du Maréchal de Luxembourg.

Anne-Édouard-Louis-Joseph de Montmorency-Luxembourg était donc, sans contestation possible, le légitime héritier du Titre de Duc de Piney-Luxembourg; il avait pour lui le droit et l'histoire, mais il ne crut pas devoir s'adresser pour régulariser le port du Titre qui lui échéait au Conseil du Sceau institué par Napoléon III. Il mourut le 14 janvier 1878, laissant de *Léonie-Ernestine-Marie-Josèphe* DE CROIX :

    A. Marie de Montmorency-Luxembourg, mariée, le 21 mai 1859, à Antoine-Félix, Baron d'Hunolstein.

    B. Anne-Marie-Eugénie de Montmorency-Luxembourg, mariée, le 30 mai 1864, à Marie-Louis-Augustin de Durfort-Civrac, vicomte de Durfort.

En 1878 donc, pour la première fois depuis l'Édit de mai 1711, le Duché-Pairie de Piney-Luxembourg est tombé en femelle. Madame Marie de Montmorency-Luxembourg descend, directement et par les mâles, de celui en faveur duquel le Duché-Pairie a été confirmé et réérigé par les Lettres patentes de mars 1661. Elle est la dernière de sa Maison et de son nom. Y a-t-il lieu pour elle d'invoquer la clause relative aux femelles contenue dans les Lettres d'institution, et, par un établissement public de son droit, de le préserver aussi contre toute usurpation ou déchéance jusqu'au jour où il pourra convenir à elle ou à ses représentants d'en réclamer officiellement l'exercice ?

On a démontré :

1° Que le Duché-Pairie de Piney-Luxembourg, créé en septembre 1576, confirmé et réérigé en mars 1661 avec séance du 22 mai 1662, doit, quoique réduit à n'être qu'un Titre, suivre pour sa transmission les règles suivant lesquelles il a été établi ;

2° Que comme Duché-Pairie femelle le titre de ce Duché ne peût être éteint que si la clause d'Érection en faveur des femelles a déjà eu son application à l'égard d'une femelle qui descendît directement et par les mâles de celui en faveur de qui les Lettres d'érection ont été accordées et qui ait été la dernière de sa Maison et de son nom ;

3° Que le Duché-Pairie de Piney-Luxembourg a été transmis de mâle en mâle et sans intervention de femelle, de 1661 à 1878.

Par suite, le titre de Duc de Piney-Luxembourg appartient à Madame Marie de Montmorency-Luxembourg, « à charge par elle de contracter mariage et que celui qui l'a épousée et ses enfans et descendans mâles indéfiniment portent le nom et les armes de Luxembourg et de Montmorency. »

On peut objecter que Madame Marie de Montmorency-Luxembourg n'a pas rempli certaines conditions imposées par l'Édit de mai 1711 ; qu'elle n'a point, au moment de son mariage, sollicité l'agrément du Souverain.

Là devait se restreindre en effet, sous le Régime nouveau, toute la procédure utile, car, s'il pouvait être question de Lettres patentes, on ne pouvait penser à les faire enregistrer au Parlement et moins encore à prendre séance comme Pair de France.

M. le Prince de Luxembourg, obéissant à ses convictions, n'a point demandé au Souverain *de fait* de consentir au mariage de sa fille; il s'est adressé au Souverain *de droit*, et l'agrément de Celui qui, pour lui, était le Roi, résulte de communications dont les personnages auxquels les messages de cette nature étaient confiés ont été spécialement chargés auprès des deux familles.

L'assentiment ainsi donné au mariage projeté remplit sans doute la première condition. Il semble impliquer en même temps, pour suivre les termes de l'Édit, que le futur époux était jugé « digne de posséder cet honneur. » Un coup d'œil sur l'histoire de la Maison d'Hunolstein suffira pour établir que cette prétention peut n'être pas indiscrète.

La Maison de Hunolstein[1] tient son nom d'un fief immédiat de l'Empire sis au pays de Trèves, dont relevaient un grand nombre d'arrière-fiefs nobles et dont la possession assurait à ceux qui en étaient pourvus voix et séance aux Diètes générales de l'Empire avec titre de Bannerets et rang de Dynastes[2].

---

[1] Voir *Urkundenbuch für die Geschichte des Graeflichen und Freiherrlichen Hausse der Voegte von Hunolstein*, par Topfer. Nuremberg, 1866. 3 vol. 4°.

[2] D'après les matricules des années 1442, 1467 et 1481, ils devaient fournir à l'armée impériale un contingent de six cavaliers et douze hommes de pied.

Antérieurement au xie siècle, on ne rencontre point sur les personnages de cette famille de documents réellement historiques. Il est bien question dans les *Niebelungen* d'un certain Hunold ou Haunolt, Chambellan du Roi Gunther à Worms[1]. Il est encore fait mention en 1019, à propos d'un tournoi donné à Trèves, de Tiburtia Vogtin d'Hunolstein, mariée à un Seigneur de Dalberg[2], mais ce n'est qu'en 1061 qu'une pièce authentique montre un Hunold cédant à l'Archevêque de Trèves, Eberhard, une partie des biens qu'il possède à Monzingen[3], lieu où, en 1297, Nicolas Vogt d'Hunolstein a encore des Terres[4]. Ce Hunold qui, sans doute, construisit la forteresse de Hunolstein, peut passer pour le fondateur de la famille. On en retrouve, en 1192, des membres qualifiés *nobiles viri*[5]. En 1301, Jean, Seigneur d'Hunolstein, épouse Élisabeth de Blankenheim, petite-fille de Gérard, Comte de Luxembourg. Allié de près par ce mariage à l'Empereur Henri VII de la Maison de Luxembourg, il l'accompagne dans son expédition en Italie[6]. Un autre Jean Vogt d'Hunolstein, Seigneur de

---

[1] *Ed. Lachmann*, chant I et chant IV *pass*. Le rédacteur de l'article Hunolstein, dans l'*Encyclopédie de Ersch et Grüber*, les fait descendre de l'Empereur C. Tiberius Drusus. Un autre la fait remonter à Hunold, Roi d'Aquitaine, qui fut vaincu par Charlemagne. Tout cela n'est que légende; en Allemagne, ce n'est que du xiie siècle que datent les noms de famille.

[2] Voir RUXNER, *Thurnier Buch*. Siemern, 1530. Fol.

[3] *Register der Erzbischœfe zu Trier*, Trèves, 1859, 4° de 10 p., et HONTHEIM, *Historia Trevirensis*, Aug. Wind, 1750, fol. 1, 404.

[4] *Urkundenbuch*, I, 95.

[5] ARCHIVES DE COLOGNE.

[6] ARCHIVES DE COBLENTZ. *Recueil des actes de Baudouin de Luxembourg*,

Neumagen, épouse, vers 1302, Ponzetta, fille du Comte de Wirneburg, nièce de l'Archevêque-Électeur de Cologne, sœur de l'Archevêque-Électeur de Trèves, sœur aussi de Élisabeth, mariée à Henri, Duc d'Autriche, frère de l'Empereur Frédéric le Beau[1]. Gérard d'Hunolstein fait la guerre à la cité libre de Spire et à ses confédérés. Après dix-sept années de luttes et de ravages, il porte ses plaintes devant le Tribunal de la Sainte-Vehme; en 1442, il est mis au ban de l'Empire, mais la sentence prononcée contre lui reste sans exécution.

En 1324, 1363, 1374, 1420, 1426, 1446, les Seigneurs d'Hunolstein font la guerre à la cité impériale de Metz, et la ville traite avec eux sur un pied d'égalité (1364-1432)[2].

En 1400, Nicolas d'Hunolstein lutte seul contre le Duc Charles Ier de Lorraine et contre le beau-père du Duc, Robert, Empereur d'Allemagne. Assiégé dans la forteresse d'Altenwalfstein, il n'entre en accommodement qu'après une longue résistance et cède à l'Empereur le quart de ses droits sur la forteresse. Au traité original, en date de mars 1401, pendent d'un côté le Sceau de Nicolas d'Hunolstein, de l'autre les Sceaux de l'Empereur et du Duc de Lorraine[3].

Jean d'Hunolstein est au siège de Nancy avec le Duc

---

archevêque et électeur de Trèves. Dans une Charte de 1348, Baudouin qualifie Nicolas de Hunolstein de parent.

[1] *Urkundenbuch*, I, 99.
[2] ARCHIVES DE METZ.
[3] ARCHIVES DE NANCY & BIBL. NAT. DE PARIS. *Collect. de Lorraine.*

René de Lorraine (1475). Jean-Guillaume, un des plus illustres soldats de la guerre de Trente Ans, est, après ses victoires sur les Suédois, nommé par l'Empereur Vice-Feld-Maréchal et Commandant en Silésie, où il obtient une dotation considérable.

Tels sont les principaux personnages historiques de cette Maison, qui, dès le XIIIe siècle, s'était partagée en trois branches. Les deux premières s'éteignirent à la fin du XVe siècle, et leurs Seigneuries passèrent par mariages aux Comtes, puis Princes d'Isembourg, et aux Comtes et Princes de Sayn-Wittgenstein. La troisième branche, établie définitivement en Lorraine au commencement du XVIe siècle, fut agrégée au Corps de l'ancienne Chevalerie du Duché, tout en conservant en Allemagne, où elle possédait toujours des fiefs, l'agrégation au Corps de la Noblesse immédiate et les droits attachés au titre de *Vogt*, semblable à celui d'*Avoué*, qui, en France, a disparu presque complètement depuis la fin du XIIe siècle, et presque analogue à celui de *Vidame*, qui s'est conservé dans quelques familles jusqu'à la Révolution.

Dès 1502, la branche lorraine est propriétaire des Seigneuries de Château-Voël, près Nancy, et de Hombourg-l'Évêque. Elle acquiert plus tard par mariages les Seigneuries d'Ottanges et de Hombourg-sur-Caner. Elle fournit un grand nombre de Chanoinesses aux Chapitres nobles de Lorraine et des titulaires aux plus hautes dignités du Duché.

François-Léopold d'Hunolstein, titré Comte du Saint-Empire, est mestre de camp de cavalerie au service de

Louis XIV, puis Maréchal de Lorraine et de Barrois, premier Ministre en Lorraine et chargé par son Souverain de diverses missions à Vienne et à Versailles. Charles, fils de François-Léopold, s'attache au service de France. Le titre de Comte du Saint-Empire est déjà reconnu par le Roi, mais, pour achever en quelque sorte la naturalisation de Charles d'Hunolstein, sa Seigneurie d'Ottanges est érigée en Comté par Lettres patentes de mai 1777[1]. Les deux fils de Charles sont Lieutenants-Généraux des armées du Roi. Le Comte Félix, fils unique de l'aîné, est créé Pair de France par le Roi Louis XVIII et institue, en 1816, un majorat avec titre de Baron. Le fils de Félix, le Comte Paul d'Hunolstein a été longtemps député du département de la Moselle; il a lui-même eu deux fils, dont le second, le Baron Antoine-Félix d'Hunolstein a épousé Mademoiselle Marie de Montmorency-Luxembourg.

Les alliances modernes avec les Maisons de Rochechouart-Mortemart, de Beauffort, de Crussol-Uzès, de Bassompierre, de Sourches-Tourzel, de Pracomtal, de Bourdeilles, etc., les alliances anciennes avec des Maisons de Dynastes, telles que les Salm, les Isenburg, les Wildgraf, les Raugraf, les Erbach, les Blankenheim (et

---

[1] « Mettant en considération, y est-il dit, que la famille de Hunolstein est de la plus ancienne noblesse, que, répandue dès le xe siècle dans l'Allemagne et la Lorraine, elle y possédait des biens considérables, qu'il est sorti de cette famille illustre plusieurs officiers généraux et que tous ceux qui en sont nés ont donné dans tous les temps les preuves les plus honorables de leur courage et de leur fidélité envers leurs souverains et qu'ils se sont toujours alliés aux familles les plus distinguées de leur province, » etc.

par ceux-ci avec la Maison de Luxembourg), les Dalberg, les Wirneburg, etc., ou avec d'autres Maisons illustres, telles que les Lorch, les Eltz, les Hatzfeld, les Stein-Kallenfels, etc., montrent assez en quel degré d'estime la Maison de Hunolstein a toujours été tenue[1] et prouvent que, conformément à l'Édit de mai 1711, elle est digne de profiter de la clause relative aux femelles insérée dans les Lettres de 1576 et de 1661.

[1] HUNOLSTEIN porte d'argent à deux faces de gueules, accompagnées de douze billettes du même, 5, 4, et 3.

N résumé, Madame Marie de Montmorency-Luxembourg, Baronne d'Hunolstein, étant la dernière de sa Maison, descendant en ligne directe et par les mâles de François-Henry de Montmorency, Duc de Piney-Luxembourg, Pair et Maréchal de France, portant le nom et les armes de Montmorency-Luxembourg, ayant *épousé une personne digne de posséder cet honneur et dont le mariage a été agréé* par des déclarations authentiques et formelles, a le droit, conformément aux Lettres patentes de septembre 1576, au contrat de mariage du 28 mars 1661, aux Lettres patentes des mêmes mois et an, et à l'Édit de mai 1711, de relever par elle-même, son mari et leurs ayans cause le Titre de Duc de Piney-Luxembourg, à la charge de porter et faire porter à ses descendants, avec leurs nom et armes, les noms et les armes de Luxembourg et de Montmorency.

FRÉDÉRIC MASSON.

Pièces justificatives

I

Érection de Piney et Rameru en duché, en faveur de François de Luxembourg, et ses descendants males et femelles a perpétuité. (Septembre 1576.)

ENRY, PAR LA GRACE DE DIEU, ROY DE FRANCE ET DE POLOGNE, A TOUS PRÉSENS ET A VENIR, SALUT. Sçavoir faisons, que nous réduisant en mémoire que nos prédécesseurs rois de France ont accoutumé, par ʼtrès-bonne et très-louable raison, d'eslever en degré et titre d'honneur les maisons desquelles, par les grands et louables mérites qui en sont issus envers la république, la mémoire doit estre perpétuée; d'autant que l'état de toute monarchie, république et potentat est principalement soutenu, augmenté et décoré par la force, valeur, prouesse, fidélité et magnanimité de personnes vertueux, et que tous rois, princes et seigneurs ont plus de besoin d'avoir, retenir et entretenir des personnages douez de toutes vertus pour leur ayder à maintenir et soutenir leur estat que d'aucunes autres richesses ; et connaissant que de la maison de Luxembourg sont descendus infinis personnages de grande lumière, aucuns desquels et en

bon nombre sont parvenus jusqu'au degré de l'Empire, les autres aux plus hautes dignitez et degrez d'honneur en ce royaume et ailleurs, et pris alliance par mariage, tant en la maison de France et des rois nos prédécesseurs, qu'à autres grandes et illustres maisons, de laquelle magnanimité et splendeur en ladite maison de Luxembourg s'est trouvée source si forte et abondante en la personne de nostre très-cher et très amé cousin François de Luxembourg, comte de Roussy, conseiller en nostre privé conseil, capitaine de cinquante hommes d'armes de nos ordonnances, baron de Tingry, Hucliers, Hesdineux et Pougy, sieur de Piney, Montangon et Rameru, pour avoir fait connoistre à tous la hardiesse, dextérité, prouesse et générosité qui est en lui dès la première rencontre d'armes en laquelle il s'est trouvé, telle qu'il en a donné l'espérance non-seulement d'imiter, mais de surmonter et passer à l'avenir les vertus généreuses de tous ses prédécesseurs et ancestres ; ce que voulant par nous reconnoistre, considérant que pour faire régner vertu, elle doit estre autorisée par degré et dignité, estant certain que plus l'homme est vertueux et plus il est appétant et convoiteux d'honneur et de gloire, dont l'espoir est vraye nourrice de vertu, de laquelle un personnage vertueux ne peut recevoir de son prince plus grand témoignage, ni gouter le fruit d icelle, consistant en honneur, gloire, que pour estre eslevé et constitué au degré de titre et dignité plus illustre ; et considérant aussi que combien que nostre dit cousin soit de la principale tige du nom et armes de ladite maison de Luxembourg, en laquelle de perpétuelle mémoire il y a toujours eu titre de duchez, comtez, et autres grandes marques de seigneuries, néantmoins à présent icelui nostre dit cousin ne jouit d'autres terres de ladite maison de Luxembourg, qui soient situées en ce royaume, de plus grande dignité que lesdites seigneuries de Piney, Montangon et Rameru, composées sçavoir : ladite seigneurie de Piney : des bourgs et villages de Brevonne, Pel-et-Der, Villehardouin, Rouilly, Aillefol, Luyères, Bouy, Onjon, Villevauque, Le Doyers, Villiers-le-Bruslé, Brantigny, Auzon, Fonteine, Sacey, Chardonnay-la-Postelle, le village de Précy-Nostre-Dame ; et ladite seignerie de Rameru, composée d'un gros bourg, abbaye, prieuré, hostel-Dieu et léproserie, ensemble des bourgs et villages d'Aulbigny, Vinets, Vaupoisson, Saint-Nabord,

Saint-Bausange, Ortillon et Coclois, et ladite terre et seigneurie de Montangon, d'un gros village ; lesquels il tient en foy et hommage et sous la juridiction et ressort de nostre comté de Chaumont en Bassigny, et sont de très grande et belle étendue, et sous lesquels sont tenus et compris plusieurs fiefs, arrière-fiefs, vassaux, sujets, chasteaux, places et seigneuries et sont peuplées de belles et grandes forests, villages et bourgs ; au moyen de quoy seroit bien raisonnable pour les causes que dessus les eslever et ériger en plus haut titre, unir et incorporer en un corps ; pour ces causes, et autres bonnes et justes considérations à ce nous mouvant, par l'avis et délibération de nostre très-honorée dame et mère, princes de nostre sang et lignage, et autres notables personnages et gens de nostre conseil privé, et voulant décorer et eslever d'aucun grand titre d'honneur nostre dit cousin, ses successeurs et ayans-cause et lesdites seigneuries et terres susdites, de notre certaine science, propre mouvement, pleine puissance, libéralité et autorité royale, et du consentement d'icelui nostredit cousin, avons lesdites terres et seigneuries de Piney, Rameru, Montangon, ensemble les bourgs et villages, desquels lesdites terres sont composées, sçavoir est : dudit Piney, Brevonne, Pel-et-Der, Villehardouin, Rouilly, Aillefol, Luyeres, Bouy, Onjon, Villevauque, Le Doyers, Villiers-le-Bruslé, Brantigny, Auzon, Fontaine, Sacey, Chardonnay-la-Postelle et Précy-Nostre-Dame, et dudit Rameru, Aulbigny, Vinets, Vaupoisson, Saint-Nabord, Saint-Bausange, Ortillon et Coclois, et les autres que de présent nostredit cousin peut posséder esdits lieux, sous les foy et hommage de nostredit comté de Chaumont, unies, jointes et incorporées ensemble en un territoire, et disjointes de ladite foy et hommage, tenue féodale, juridiction, subjection, territoire et ressort de nostredit comté de Chaumont en Bassigny, et les avons érigées et érigeons par ces présentes à nostredit cousin, ses successeurs et ayanscause, tant masles que femelles, en titre, nom, dignité, prééminence et autorité de duché mouvant de nostre couronne et grosse tour du Louvre, à une simple et seule foy et hommage, ressortissant ledit duché directement et sans aucun moyen, par privilège spécial, et exprès, en nostre cour de parlement à Paris, avec toute, telle juridiction et connoissance qui y appartient, réservés seulement les cas dont nos seuls juges royaux et non autres doivent connoistre, et toutes choses non exceptées; lequel duché sera doresnavant dit, nommé et appellé le duché de Piney, auquel nostredit cousin, ses successeurs et ayans-cause pourront avoir, constituer et establir perpétuellement un bailly, prevost et gruyer, qui se nommeront le bailly, prevost et gruyer dudit duché de Piney, qui auront et auxquels nous avons donné telle et semblable jurisdiction, privilège, degré d'icelle jurisdiction et autorité dedans ledit duché qu'avoient et pouvoient avoir auparavant nos officiers et juges de nostredit comté de Chaumont en Bassigny, hormis les dits cas à nos seuls juges réservez, et qu'à tout ce que dit est, faire et souffrir soient par nostredit cousin, son dit bailly, prevost et gruyer, et autres officiers dudit duché de Piney, contraints lesdits sujets, vassaux et justiciables par toutes voyes et manières deues et raisonnables, faisant inhibitions et deffenses, tant à eux sur peine d'amende applicable à nostredit cousin, qu'à nos juges et officiers dudit Chaumont en Bassigny, même au président et juges présidiaux dudit lieu, sur peine de nullité de ce qu'ils feront au contraire, de doresnavant n'entreprendre aucune connoissance, cour ou jurisdiction des causes et matières provenant dudit duché de Piney, d'entre les sujets et vassaux, ne pour raison de terres et choses y estant assises, soit en première instance, cause d'appel, soit en cas de présidialité ou autrement, de ne faire ou faire faire aucun acte de justice ou exploits au dedans d'icelles; et à ceux qui contreviendront voulons licitement n'estre obéi par les officiers et subjets de nostredit cousin en deffendant leur jurisdiction; déclarant en outre tous tels actes, exploits, adjournemens, procédures, jugemens, qui seront par nosdits juges et officiers faits, donnez et entrepris au contraire, nuls dès àprésent et de nul effet et valeur, comme faits par personnes n'ayant pas puissance et par juges du tout incompétans. Permettons davantage à nostredit cousin et aux siens, créer et establir particulièrement tous autres officiers qui seront requis pour l'exercice de la jurisdiction et pour duché de telle qualité, siège et ressort, pour dudit duché de Piney jouir par nostredit cousin, ses hoirs et ayans-cause, tant masles que femelles, en quelque degré que ce soit, perpétuellement, au nom, titres, droits, honneurs, jurisdiction, territoire, foy et hommage susdits, profits et émolumens qui en dépendent, et tels et semblables que nous y prenions auparavant, à raison de nostredit comté de Chaumont, ensemble d'autres droits et prérogatives accoutumez, et sans que, par le moyen de cette nostredicte présente création et érection, ni nostre édit fait à Paris au mois de juillet 1566 ou autres sur l'érection des terres et seigneuries en titres de duchez, marquisats ou comtez, on puisse prétendre le dit duché estre uni ni incorporé à nostre couronne, et puissions ou nos successeurs rois revendiquer le dit duché, auquel nostredit édit et autres, attendu les causes et occasions si spéciales et particulières qui nous mouvent d'honorer nostredit cousin et sa postérité du titre, degré et qualité de duc, et à nos édits, nous avons, pour le regard de nostredict cousin, ses fils et filles, ou ceux de sesdits enfans qui viendront d'eux en loyal mariage, soient masles ou femelles, et semblablement pour ses autres héritiers ou ayans-cause, dérogé et dérogeons par ces présentes, sans laquelle dérogation et condition icelui nostredit cousin n'eut voulu accepter nostre présent don, grace et libéralité, ni consentir en aucune sorte à la présente érection et création. Si donnons en mandement par ces mêmes présentes à nos amez et féaux les gens tenant et qui tiendront nostredicte cour de parlement et chambre des comptes à Paris, et à tous nos autres justiciers, officiers ou leurs lieutenans présens et advenir, et à chacun d'eux, si comme à lui appartiendra, que de nostre présente érection et création dudit duché de Piney et de tout le contenu en ces présentes lettres, ils fassent, souffrent et laissent nostredit cousin jouir et user pleinement, paisiblement, entièrement et perpétuellement, sans en ce lui mettre ou donner, ne souffrir estre fait mis ou donné, ores ne pour le temps advenir, aucun trouble, destourbier ou empeschement, au contraire, et ces présentes, afin de perpétuelle mémoire, fassent enregistrer en nostredicte Cour de Parlement, Chambre des Comptes, à Paris, et partout ailleurs où il appartiendra. Car tel est nostre plaisir; et à nostredit cousin pour les causes cy-dessus, avons octroyé et octroyons de grace spéciale, par cesdictes présentes; le tout nonobstant que les femelles n'ayent accoutumé de succéder en duché de telle qualité, et que nous n'ayons accoutumé de donner ressort immédiat en nostredicte Cour de Parlement à autres duchez, comtez et seigneuries, que à ceux qui sont érigés en dignité de Pairie, à quoy pour cette fois seulement, de nostre certaine science, pleine puissance et autorité royale, par privilège exprès, nous avons dérogé et dérogeons par cesdictes présentes; voulons ledit duché, quant à ce seul point de jurisdiction et ressort estre de telle qualité, que si érigé l'avions au titre de Paierie.

Et afin que ce soit chose ferme et stable à toujours, nous avons signé ces présentes de nostre main, et à icelles fait mettre nostre scel, sauf en autres choses nostre droit et l'autrui en toutes.

Donné à Paris, au mois de septembre l'an de grace mil cinq cens soixante-seize, et de nostre règne le troisième.

Ainsi signé : HENRY

Et sur le reply : Par le roy, BRUSLART,

Visa contentorum : TIELEMENT.

Et scellées sur lacs de soye rouge et verte, en cire verte, du grand scel.

Registrées à Paris en Parlement le 19ᵉ jour de Septembre 1577.

II

Lettres d'érection du duché de Piney et de Rameru en pairie de France, en faveur de François de Luxembourg, et de ses enfants, et des enfants nes d'eux males ou femelles a toujours. (Octobre 1581.)

ENRY, PAR LA GRACE DE DIEU, ROY DE FRANCE ET DE POLOGNE: A TOUS PRÉSENS ET A VENIR, SALUT. Comme l'honneur, qui allume et attize au cœur des hommes généreux un chaud et ardent désir de bien faire, soit le but et la récompense de la vertu, il est non seulement utile, mais nécessaire pour la conservation de l'estat, que le prince, auquel en appartient la distribution, fasse part de ses titres d'honneur à ceux qui le méritent, afin que l'exemple de leur loyer et récompense engendre à un chacun une honneste émulation de vertu, et une espérance en les imitant de pareille récompense; à cette occasion, voulant reconnoistre les grands et signalés services que nostre amé et féal cousin François de Luxembourg, chevalier de nos deux ordres, conseiller en nostre conseil privé, capitaine de cinquante hommes d'armes de nos anciennes ordonnances, duc de Piney, nous a fait et continue chacun jour, et honorer les grandes et singulières vertus qui reluisent en lui, dont il a fait preuves

en toutes occasions qui se sont présentées pour nostre service ; considérant aussi qu'il est bien raisonnable que nostredict cousin ayant cet honneur d'appartenir à nous et à nostre très-chère et bien-amée épouse de proximité de sang et d'alliance, se ressente des honneurs et dignitez que nous avons accoutumé de départir aux princes et seigneurs illustres ; d'ailleurs, nous représentant que Dieu l'a fait naitre de cette grande et illustre maison de Luxembourg, dont les historiens remarquent l'origine de Clodion-le-Chevelu, et descendre en droite ligne de ce bon et excellent prince Henry et comte de Luxembourg et de Ligny, père de Henry, de Waleran de Luxembourg, dont l'un fut empereur, et l'autre marquis de l'Empire ; et lequel Henry on peut justement appeler le père des Empereurs et la tige maternelle des Rois : Le père des Empereurs, parce que de lui sont descendus quatre Empereurs et plusieurs rois des Romains, de Bohême et de Hongrie, portants son nom et ses armes, et que, en sa maison, l'Empire s'est conservé jusques à Sigismond de Luxembourg dernier de ce nom, lequel n'ayant qu'une fille, Elisabeth de Luxembourg, il la donna en mariage avec son empire à Albert d'Autriche, duquel sont descendus tous les Empereurs et rois des Romains de la maison d'Autriche. L'on peut aussi justement nommer Henry de Luxembourg la tige maternelle des rois de France, parce que outre qu'il eut une fille, Marie de Luxembourg, qui fut conjointe par mariage avec le roy Charles IV de ce nom, son fils, roy des Romains eut aussi une fille, nommée Bonne de Luxembourg, qui fut mariée au roi Jean et par ce mariage devint mère de Charles V roy de France, de Louis duc d'Anjou, roi de Sicile et de Jérusalem, de Jean duc de Berry, de Philippe le Hardy duc de Bourgogne, et de trois filles, l'une mariée au roy de Navarre, l'autre au duc de Bar, et la troisième au duc de Milan, delaquelle, partant comme d'une riche source, sont non seulement dérivez grand nombre de rois de France, mais aussi quasi toutes les illustres maisons de l'Europe ; nous remémorant aussi les grands et mémorables services qui ont esté faits à cette couronne par ses prédécesseurs et ancestres, et que nostredit cousin étant tant de fois allié des maisons de France, de Bourgogne, d'Autriche et d'Angleterre par le double mariage d'Anne de Luxembourg avec Richard roy d'Angleterre, aux rois de Hongrie par le mariage d'un autre Waleran de Luxembourg frère du roy des Romains avec la reine de Hongrie; aux rois de Sicile et de Jérusalem, par le moyen de ladite Bonne de Luxembourg, reine de France et épouse du roy Jean ; à la maison de Bourbon, par plusieurs alliances, entr'autres de Marie de Luxembourg, sa grand'tante, mariée avec François de Bourbon comte de Vendosme, de laquelle seroient issus les rois de Navarre, cardinaux de Bourbon, comte de Saint-Pol, prince de Condé, et nostre très chère et bien amée cousine la duchesse de Guise et d'Aumale, cardinaux de Lorraine et de Guise, marquis d'Elbeuf; et que nostredit cousin a une infinité d'autres alliances aux maisons de Savoye, de Lorraine, de Clèves, de Nevers, de Longueville, de Flandres, de Bar, de Brabant, d'Enghien, et avec tous les princes et potentats d'Allemagne; voulant aussi reconnoistre en la personne de nostredit cousin les grands et signalez services qui ont esté faits à cette couronne par Waleran et Jacques de Luxembourg, connestable, et Antoine de Luxembourg, maréchal de France, ses prédécesseurs, et la générosité de Jean de Luxembourg, roy de Bohême, lequel, encore qu'il fut aveugle par accident, se voulut trouver en la bataille de Crécy, en laquelle estant conduit par son écuyer y combattit vaillamment, et y mourut pour la deffense de cet estat; et les grands et hauts faits d'armes de feu Louis de Luxembourg, grand-chambellan du feu roy Louis XII et son lieutenant-général au duché de Milan, à la conqueste duquel il fit tant de faits d'armes et services que pour récompense ce même roy Louis XII lui donna en titre de comté plusieurs grandes et belles terres et villes dépendantes de l'estat de Milan, partie desquelles il rendit et légua au roy par son testament de l'an 1503 ; observant aussi que si les alliances, la force ou vicissitude de toutes choses ont mis hors de cette illustre maison l'empire des Romains, ensemble le duché de Luxembourg, qu'on luy détient sans titre et injustement, estant un fief de l'Empire, salique et masculin, qui leur estoit écheu par le décès de Sigismond de Luxembourg, dernier empereur de ce nom, advenu sans hoirs masles, et encore par le décès de la dernière duchesse de Luxembourg, leur ayant esté usurpé par les ducs de Bourgogne, Philippe et Charles son fils, sous couleur d'un simple usufruit, qu'elle leur avoit accordé, ainsi que nostre très-cher et très-honoré seigneur et ayeul, le grand roy François, auroit toujours soutenu contre l'empereur Charles V ; pour cela il n'est pas raisonnable que nostredit cousin, qui est du sang de tant d'empereurs, de rois et de princes, d'ailleurs soit desnué de tous titres d'honneur de ses prédécesseurs, même de ceux qu'ils ont libéralement distribuez pendant leur empire, comme Wenceslaüs de Luxembourg, qui érigea l'estat de Milan en duché, et Sigismond de Luxembourg, dernier empereur de ce nom, les pays de Savoye et de Clèves ; toutes lesquelles bonnes et grandes et justes considérations mises ensemble nous auroient cy-devant meu de créer et ériger par nos lettres-patentes du mois de septembre 1576, vérifiées en nostre court de Parlement et Chambre des Comptes, la terre et seigneurie de Piney, et autres terres mentionnées esdites lettres, en duché, tant pour nostredit cousin que pour ses hoirs et successeurs, masles et femelles, et ayans-cause, avec dérogation à nos édits et ordonnances, le ressort des appellations de son juge ducal nuement en nostre cour de Parlement, tout ainsi que les pairs de France, tellement qu'il ne nous reste plus qu'à décorer nostredit cousin et son duché de Piney, de titre, nom, qualité et dignité de Pair, lequel, pour les considérations cy-dessus, et autres à ce nous-mouvant, nous lui avons bien voulu départir : A ces causes, de nostre certaine science, propre mouvement, pleine puissance et autorité royale, avons créé et érigé et décoré, créons, erigeons et décorons par ces présentes ledit duché de Piney, ses appartenances et dépendances, mentionnées par nosdites lettres d'érection du mois de septembre 1576, en titre, nom, qualité et dignité de Pair de France, pous nostredit cousin, ses hoirs et successeurs, masles et femelles, et ayant-cause, avec tous les honneurs, privilèges, prérogatives, profits et émoluments qui en appartiennent à ladite qualité et dignité de Pair de France, et dont les autres Pairs de France ont jouy de tout temps et d'ancienneté, et jouissent encore de présent. Voulons et nous plaist que doresnavant nostredit cousin, ses hoirs et successeurs et ayant-cause, masles et femelles, se puissent intituler, dire et nommer en tous lieux et actes ducs de Piney et Pairs de France, et que cette qualité de Pair de France soit unie inséparablement à ladite qualité et dignité de duc, et que ledit duché de Piney, ses appartenances et dépendances par accumulation, soit doresnavant et à toujours intitulé et appellé duché et Pairie de France, pour du contenu en ces présentes nos lettres de déclaration, ampliation et érection dudit nom, titre, qualité et dignité de Pair de France jouir par nostredit cousin, ses hoirs et successeurs, masles et femelles, et ayant cause, avec tous les honneurs, privilèges, et prérogatives qui appartiennent aux autres duchés et Pairies de France, et ce du jour de la vérification qui en sera faite à nostre cour de parlement de Paris. Si donnons en mandement à nos amez et féaux, les gens tenant nostre cour de Parlement, Chambre de nos Comptes, et à tous nos autres sujets, que du contenu en ces présentes, ils fassent et souffrent jouir nostredit cousin, nonobstant tous édits et ordonnances à ce contraires, et signamment nonobstant les édits par lesquels il est porté, qu'à deffaut de masles, les duchés et pairies de France seront unis et incorporez à nostre couronne, auxquels, pour les mêmes considérations cydessus, nous avons expressément dérogé et dérogeons, et à la dérogatoire de la dérogatoire ; car sans cela nostredit cousin n'eut voulu accepter ladite érection. Et si dérogeons aux édits, mœurs et establissements de l'estat de France, par lesquels l'on voudroit prétendre qu'il ne peut avoir en ce royaume que six Pairs de France lais ; et ce pour cette fois et sans tirer à conséquence. Car tel est nostre plaisir.

Donné à Paris au mois d'Octobre, l'an de grâce mil cinq cens quatre-vingt-un, et de nostre règne le huitième.

Ainsi signé : HENRY.

Et sur le reply : Par le roy, BRUSLARD.

Et à costé est escrit : Visa contentorum, BERNIER, *et scellé sur lacs de soye rouge et verte, en cire verte du grand sceau.*

Enregistré en Parlement le 29 décembre 1581.

III

Lettres-patentes de Louis XIII, en faveur de Léon d'Albert de Brantes, portant mandement a la cour de Parlement de le recevoir au serment de duc de Piney, et pair de France. (Juillet 1620.)

ouis, par la grace de Dieu, roy de France et de Navarre. Comme ainsi soit que le roy Henry III, de très heureuse mémoire, ait, par ses lettres-patentes du mois de septembre 1576, vérifiées en nostre cour de Parlement le 19 septembre 1777, créé et érigé la terre et seigneurie de Piney en titre et dignité de duché, et depuis, par autres lettres du mois d'octobre 1581, vérifiées le 30 du mois de décembre ensuivant, érigé ladite terre en titre et dignité de Pairie de France, en faveur de nostre très-cher cousin Messire François de Luxembourg, pour en jouir, par luy, ses successeurs, masles et femelles, et ayant-cause, avec tous les honneurs, privilèges, prérogatives, profits et émoluments qui appartiennent à la qualité et dignité de duc et pair de France, et dont les autres pairs jouissent; duquel duché et pairie nostredit cousin a joui pendant sa vie, et après luy nostre cousin Messire Henry de Luxembourg son fils, lequel décédant a laissé deux filles, à l'ainée desquelles, nostre cousine Marguerite-Charlotte de

Luxembourg, appartient ladite duché et pairie, ensuite de ladite création et érection suivant les lois du royaume, et coutume des lieux où ladite terre est située ; et d'autant que nostredite cousine a esté depuis peu conjointe par mariage avec nostre cher et bien amé cousin Messire Léon d'Albert de Luxembourg, à condition de porter le nom et les armes de la maison de Luxembourg, conformément au testament de nostredit cousin Messire Henry de Luxembourg, du 1er octobre 1615, et contract de mariage d'entre nostredit cousin Léon d'Albert de Luxembourg et nostre cousine, du 5 juillet dernier, par le moyen duquel ledit duché et pairie de Piney appartient à nostredit cousin, comme ayant cause de nostredite cousine son épouse, suivant lesdites lettres d'érection, vérifiées, pour jouir des honneurs, privilèges, prérogatives et prééminences, à ladite qualité de duc et pair de France appartenants, il luy est besoin faire et prester le serment en tel cas requis et accoutumé ; si mandons à nos amez et féaulx conseillers, les gens tenant nostredicte cour de Parlement, recevoir le serment de nostredit cousin, et le faire jouir des honneurs, privilèges, prérogatives et prééminences, à ladite qualité de duc et pair appartenants, sans lui donner ou souffrir estre donné aucun trouble ou empeschement ; car tel est nostre plaisir.

Donné à Rouen, le 10 juillet, l'an de grace 1620, et de nostre règne le onze.

Signé : LOUIS.

Et sur le reply : Par le roy, POTIER, *et scellées de cire jaune.*

ARRÊT DU PARLEMENT, EN CONSÉQUENCE DES PRÉCÉDENTES LETTRES.

Veu par la Cour... Les Lettres-patentes du 10 Juillet dernier... par lesquelles en conséquence du mariage de Léon d'Albert avec dam^{lle} Marguerite-Charlotte de Luxembourg, et du partage provisionnel des biens de ladite maison, est mandé à la Cour le recevoir au serment de duc et pair de France, suivant les lettres d'érection du duché de Piney, en faveur de François de Luxembourg, ses successeurs et ayant-cause, tant masles que femelles; autres lettres d'érection de pairie ..; testament de Henry de Luxembourg...; requeste par ledit s^r d'Albert... à fin d'entèrinement desdites lettres.....; conclusions du procureur-général; tout considéré, ladite cour, entérinant les lettres, a ordonné et ordonne que l'impétrant sera reçu duc et pair de France, faisant le serment accoutumé, et à l'instant mandé, après qu'il a juré bien et fidellement servir et conseiller le Roy.....; a esté reçeu, juré fidélité au Roy, et son épée à luy rendue, a eu séance et voix délibérative tant au conseil qu'à l'audience.

Fait en Parlement le 8 juillet 1621.

Signé : VOISIN.

IV

Lettres de confirmation du Duché-Pairie de Piney
en faveur de François Henry de Montmorency.
(Mars 1661.)

ouis, par la grace de Dieu, roi de France
et de Navarre a tous présens et a venir,
salut : Ayant en singulière recommandation la
maison de Luxembourg comme une des plus grandes
et plus considérables de l'Europe, laquelle a donné
des Empereurs, des Rois et des Princes à la chrétienté et dont les des‑
cendants se trouvent non seulement alliés aux plus illustres familles de
ce Royaume mais dignes par leur mérite et par leurs rares qualités des
honneurs et des charges les plus éminentes que leurs aïeuls ont possé‑
dées et qu'ils y ont acquises par leurs signalés services : nous avons eu
bien agréable le mariage de notre très chère et bien amée damoiselle
Magdeleine-Charlotte-Bonne-Thérèse de Clermont de Luxembourg,
fille de notre très chère et bien amée cousine Marguerite-Charlotte de
Luxembourg, duchesse de Piney, et de notre très cher et bien amé
Charles-Henry de Clermont de Luxembourg avec notre très cher et
bien amé François-Henry de Montmorency comte de Lusse et de

Bouteville et ce aux conditions portées par le contrat qui en a été fait et passé les 1ᵉʳ, 2ᵉ, 15ᵉ et 28ᵉ du présent mois ci attaché sous le contre scel de notre Chancellerie ; par lequel ledit sieur de Clermont de Luxembourg et notre dite cousine la duchesse de Piney, ont par leurs démissions et avec le consentement de notre très cher et bien amé Henry-Léon d'Albert de Luxembourg, fils ainé du premier mariage de notre dite cousine Marguerite-Charlotte de Luxembourg, lequel est présentement ecclésiastique et diacre, cédé et délaissé audit sieur de Bouteville et à ladite demoiselle de Luxembourg, la terre et duché de Piney, ses appartenances et dépendances, et se sont dépouillés en leurs faveurs du titre et dignité de duché et pairie de France et consenti que sous notre bon plaisir, ils jouiront à l'avenir dudit duché de Piney ; ensemble du titre d'icelui, et de tous les honneurs, prérogatives et prééminences appartenans aux ducs et pairs de France et à la charge qu'eux et leurs enfans males et femelles porteront le nom et armes de Luxembourg avec le nom et armes de Montmorency ; et qu'avenant le décès de ladite damoiselle Madeleine-Charlotte-Bonne-Thérèse de Clermont de Luxembourg avant celui dudit sieur comte de Bouteville sans enfans de leur mariage survivant lors de la dissolution d'icelui, le dit sieur comte de Bouteville jouira par usufruit et sa vie durant seulement dudit duché et pairie, terre et seigneurie de Piney, et qu'après le décès dudit sieur comte de Bouteville et des père, mère et frère de ladite damoiselle de Clermont de Luxembourg, la pleine propriété desdits duché-pairie, terre et seigneurie de Piney, retournera et appartiendra à notre très cher et bien amé Léon Potier, marquis de Gesvres, capitaine des gardes de notre corps, petit fils de feu François de Luxembourg, à cause de notre très chère et bien amée cousine Marguerite de Luxembourg sa fille, au jour de son décès, femme de notre très cher et bien amé cousin le Duc de Tresmes, père dudit marquis de Gesvres et aux enfans males ou femelles dudit marquis de Gesvres qui seront pour lors ; et voulant continuer audit sieur comte de Bouteville et à la demoiselle de Clermont de Luxembourg les mêmes graces que nos prédécesseurs Rois ont faites à leurs prédécesseurs audit duché et spécialement Henri III d'heureuse mémoire, lequel par ses lettres patentes du mois de septembre 1576 et du mois d'octobre 1581 a créé et érigé les terres et seigneuries de Piney et Rameru et leurs dépendances, appartenants alors à défunt François de Luxembourg en titre de duché et pairie de France pour en jouir par lui, ses hoirs et successeurs mâles et femelles, avec tous les honneurs, dignités, rangs, séances, privilèges, prérogatives, profits et revenus qui appartiennent à ladite qualité de duc et pair de France et dont jouissent les autres pairs de notre Royaume; lequel duché et pairie, il posséda paisiblement sa vie durant, et après lui Henry de Luxembourg son fils, lequel étant décédé sans aucuns hoirs mâles, notre dit très cher et bien amé Léon d'Albert de Luxembourg est entré en possession dudit duché de Piney à cause de notre dite cousine Marguerite-Charlotte de Luxembourg, son épouse, fille ainée dudit feu Henry de Luxembourg et Madeleine de Montmorency sa femme; considérant qu'au moyen desdits contrats, démissions et consentement, ledit duché de Piney, Rameru et leurs dépendances, doivent appartenir audit sieur comte de Bouteville et à ladite damoiselle Madeleine-Charlotte-Bonne-Thérèse de Clermont de Luxembourg, nous avons eu bien agréable en contemplation dudit mariage et conformément aux clauses dudit contrat, démission et consentement y énoncés et sur les supplications très humbles qu'ils nous en ont faites, de leur accorder nos lettres de ratification et de concession sur ce nécessaires : A ces causes, savoir faisons que de l'avis de notre Conseil où étaient plusieurs princes, ducs, pairs, grands et notables personnages de notre dit Conseil, avons de notre propre mouvement, grace spéciale, pleine puissance et autorité royale, confirmé, approuvé et ratifié; confirmons, approuvons et ratifions par ces présentes signées de notre main, ledit contrat de mariage dudit sieur comte de Bouteville et ladite damoiselle de Clermont de Luxembourg, ensemble lesdites démissions, cessions, et consentemens, et en outre de nos mêmes graces et autorités que ci-dessus, avons dit et déclaré, voulons et nous plait qu'à l'avenir ledit sieur comte de Bouteville soit appelé du nom de François-Henry de Montmoreney Luxembourg et qu'il porte au blason de ses armes celles de la maison de Luxembourg pleines ou écartelées de Montmoreney et de Luxembourg, lesquels nom et armes avons transféré et transmué, transférons et transmuons par lesdites présentes en sa personne, avec ledit duché de Piney et pairie de France, pour en jouir par ledit sieur comte de Bouteville, ses hoirs mâles et femelles qui naitront en loyal mariage tout ainsi qu'ont fait lesdits François et Henri de Luxembourg et Léon d'Albret de Luxembourg dernier décédé et le dernier reçu en notre cour de Parlement de Paris audit duché et Pairie de Piney, et pareillement le cas arrivant du décès de ladite damoiselle de Luxembourg sans enfants avant ledit sieur comte de Bouteville, comme il est dit ci-dessus, nous voulons et entendons que ledit sieur comte de Bouteville jouisse sa vie durant seulement dudit duché-pairie, terre et seigneurie de Piney, et qu'après son décès, et celui des père et mère et frère de ladite damoiselle de Clermont de Luxembourg, la pleine propriété dudit duché et pairie appartienne audit sieur marquis de Gesvres ou à ses enfans mâles et femelles qui seront alors, et qu'ils portent le nom et armes de Luxembourg, et que tant ledit sieur comte de Bouteville et ses enfants males ou femelles issus dudit mariage qu'à leur défaut ledit sieur marquis de Gesvres et ses descendans en loyal mariage, jouissent dudit duché et pairie aux honneurs, dignités, prérogatives, rangs et prééminences généralement quelconques en toutes justices et juridictions, en vertu de ladite érection et création dudit duché et pairie de Piney, tout ainsi qu'en ont joui ceux de la maison de Luxembourg et que font les ducs et pairs de France, à la charge toutefois de tenir et relever de nous et de notre couronne ledit duché et pairie de Piney ; et qu'avenant défaut d'hoirs mâles ou femelles en loyal mariage, lesdits titres et dignités de duché et pairie de France demeureront éteintes et supprimées et retournera ladite terre et seigneurie de Piney et tout ce qui en dépend en l'état auquel ils étaient avant ladite érection en duché et sans que par le moyen d'icelle érection ni des édits des années de 1566, 1579, 1581 et 1582 et tous autres édits, déclarations, arrêts et règlements qui pourraient avoir été donnés sur l'érection des duchés, marquisats et comtés, nous ni nos successeurs Rois puissions prétendre aucun droit et faculté de réunion, propriété ou reversion dudit duché de Piney à notre couronne, défaillans lesdits hoirs mâles et femelles issus de loyal mariage, auxquels édits et déclarations, arrêts et règlemens, nous avons pour ce regard seulement et sans tirer à conséquence et aux dérogatoires des dérogatoires y contenues dérogé et dérogeons par ces présentes. Si donnons en mandement à nos amez et féaux les gens tenant notre cour de Parlement à Paris et à tous autres nos officiers et justiciers, chacun en droit soit, et comme il appartiendra que ces présentes ils fassent lire, publier et enregistrer et du contenu en icelles jouir et user pleinement, paisiblement et perpétuellement ledit sieur comte de Bouteville, ses hoirs, successeurs mâles et femelles en loyal mariage et à leur défaut ledit sieur marquis de Gesvres et leurs descendans mâles et femelles, sans leur faire ni permettre qu'il leur soit fait ou donné aucun trouble ni empêchement, nonobstant aussi tous édits, ordonnances, règlemens arrêts, lettres et autres choses à ce contraires, auxquelles nous avons pareillement dérogé et dérogeons par ces présentes : Car tel est notre plaisir et afin que ce soit chose ferme et stable à toujours, nous avons fait mettre notre scel à cesdites présentes, sauf en autres choses notre droit et l'autrui en toutes.

Donné à Paris au mois de mars l'an de grâce 1661 et de notre règne le dix-huitième.

signé: LOUIS.

Et sur le reply: Par le roy, LE TELLIER.

A côté: Visa, SÉGUIER,

Pour servir aux lettres de translation du duché de Piney en la personne dudit sieur de Bouteville avec confirmation de l'érection dudit duché et pairie et du contrat attaché sous le contrescel, scellé en lacs de soye verte et rouge et de cire verte.

V

Edit du roy, portant règlement général pour les Duchés et Pairies. (Mai 1711.)

ouis, par la grace de Dieu, roy de France et de Navarre, a tous présens et a venir, salut. Depuis que les anciennes pairies laïques ont esté réunies à la couronne, dont elles étaient émanées, et que, pour les remplacer, les rois nos prédécesseurs en ont créé de nouvelles, d'abord en faveur des seuls princes de leur sang et ensuite en faveur de ceux de leurs sujets que la grandeur de leur naissance et l'importance de leurs services en ont rendus dignes ; les titres de pairs de France, aussi distinguez autrefois par leur rareté, qu'ils le seront toujours par leur élévation, se sont multipliez ; toutes les grandes maisons en ont désiré l'éclat, plusieurs l'ont obtenu, et par une espèce d'émulation de faveur et de crédit, elles se sont efforcé à l'envi de trouver dans le comble mesme des honneurs, de nouvelles distinctions par des clauses recherchées avec art, soit pour perpétuer la pairie dans leur postérité audela de ses bornes naturelles, soit pour faire revivre en leur faveur des rangs, qui étoient éteints, et des titres qui ne subsistoient plus. Dans cette multitude de dispositions nouvelles

ou singulières, que l'ambition des derniers siècles a ajoutées à la simplicité des anciennes érections, les officiers de nostre parlement de Paris, juges naturels sous nostre autorité des différends illustres qui se sont élevez au sujet des pairies, entrainez d'un costé par le poids des règles générales, et retenus de l'autre par la force des clauses particulières qu'on opposoit à ces règles, ont cru devoir suspendre leur jugement et se contenter de rendre des arrêts provisionnels, comme pour nous marquer par la que leur respect attendoit de nous une décision suprême, laquelle fixant pour toujours le droit des pairies, put distinguer les différens degrez d'honneur qui sont dus aux Princes de nostre sang, à nos enfants légitimez et aux autres pairs de France, affermir les véritables principes de la transmission des pairies, ou masculines ou féminines, et déterminer souverainement le sens légitime de toutes les expressions équivoques, à l'ombre desquelles on a si souvent opposé en cette matière la lettre de la grace à l'esprit du Prince qui l'avait accordée. C'est cette loy désirée depuis si longtemps que nous avons enfin résolu d'accorder aux souhaits des premiers magistrats, à l'avantage des grandes maisons de nostre royaume, au bien même de nostre état, toujours intéressé dans les règlemens qui regardent une dignité si éminente; nous avons cru devoir y ajouter des dispositions non moins importantes, soit pour conserver l'éclat et la splendeur des maisons honorées de cette dignité, soit pour prévenir tous les différends qui se pourroient former à l'avenir à l'occasion de l'érection ou de l'extinction des pairies, soit enfin pour terminer les contestations qui sont pendantes en nostre Cour de Parlement, tant entre plusieurs ducs et pairs, et nostre cousin le duc de Luxembourg, qu'entre le sieur marquis d'Antin, et plusieurs autres desdits ducs et pairs, et réunir par l'autorité souveraine de nostre jugement les esprits et les intérests de personnes, qui tiennent un rang si considérable auprès de nous. A ces causes, de nostre propre mouvement, pleine puissance et autorité royale, nous avons dit, déclaré et ordonné, disons, déclarons et ordonnons par le présent Edit.

Article Premier. — Que les princes de nostre sang royal

seront honorez et distinguez en tous lieux suivant la dignité de leur rang et de l'élévation de leur naissance. Ils représenteront les anciens pairs de France aux sacres des rois, et auront droit d'entrée, séance et voix délibérative en nos cours de Parlement, à l'âge de quinze ans, tant aux audiences qu'au conseil, sans aucune formalité, encore qu'ils ne possèdent aucunes pairies.

Art. II. — Nos enfans légitimez et leurs enfans et descendans masles, qui possèderont des pairies, représenteront pareillement les anciens pairs aux sacres des rois, après et au défaut des Princes du sang, et auront droit d'entrée et voix délibérative en nos cours de Parlement, tant aux audiences qu'au conseil, à l'âge de vingt ans, en prêtant le serment ordinaire des pairs, avec séance immédiatement après lesdits Princes du sang, conformément à nostre déclaration du 5 Mai 1694, et ils y précèderont tous les ducs et pairs; et en cas qu'ils aient plusieurs pairies et plusieurs enfants masles, leur promettons (en se réservant une pairie pour eux), d'en donner une à chacun de leursdits enfans, si bon leur semble, pour en jouir par eux aux mesmes honneurs rang, préséances et dignitez, que ci-dessus, du vivant mesme de leur père.

Art. III. — Les ducs et pairs représenteront aux sacres les anciens pairs, lorsqu'ils y seront appellez au deffaut des Princes du sang et des Princes légitimez qui auront des pairies, et auront rang et séance entr'eux, avec droit d'entrée et voix délibérative, tant aux audiences qu'au conseil de nos cours de Parlement, du jour de la première réception et prestation de serment en nostre Cour de Parlement de Paris, après l'enregistrement des lettres d'érection, et seront reçus audit Parlement à l'âge de vingt-cinq ans, en la manière accoutumée.

Art. IV. — Par les termes d'*hoirs* et *successeurs*, et par les termes d'*ayans cause*, tant insérez dans les lettres d'érection cydevant accordées qu'à insérer dans celles qui pourroient estre accordées à l'avenir, ne seront et ne pourront estre entendus, que les enfans masles descendus de celui en faveur de qui l'érection aura esté faite, et que les masles qui en seront descendus de masles en masles, en quelque ligne et degré que ce soit.

Art. V. — Les clauses générales insérées ci-devant dans quelques lettres d'érection de duchez et pairies en faveur des femelles, et qui pourroient l'estre en d'autres à l'avenir, n'auront aucun effet qu'à l'égard de celle qui descendra et sera de la maison et du nom de celui en faveur duquel les lettres auront esté accordées, et à la charge qu'elle n'épousera qu'une personne que nous jugerons digne de posséder cet honneur et dont nous aurons agréé le mariage par des lettres-patentes, qui seront adressées au Parlement de Paris et qui porteront confirmation du duché en sa personne et descendans masles, et n'aura ce nouveau duc rang et séance que du jour de la réception audit Parlement sur nosdites lettres.

Art. VI. — Permettons à ceux qui ont des duchez et pairies, d'en substituer à perpétuité le chef-lieu, avec une certaine partie de leur revenu jusqu'à quinze mille livres de rente, auquel le titre et dignité desdits duchez et pairies demeurera annexé, sans pouvoir estre sujet à aucunes dettes ni distractions de quelque nature qu'elles puissent estre, après que l'on aura observé les formalitez prescrites par les Ordonnances pour la publication des substitutions, à l'effet de quoi dérogeons au surplus à l'ordonnance d'Orléans et à celle de Moulins, et à toutes autres ordonnances, usages et coutumes qui pourroient estre contraires à la présente disposition.

Art. VII. — Permettons à l'ainé des masles descendans en ligne directe de celui, en faveur duquel l'érection des duchez et pairies aura esté faite, ou à son défaut ou refus à celui qui le suivra immédiatement, et ensuite à tout autre masle de degré en degré de les retirer des filles qui se trouveront en estre propriétaires, en leur en remboursant le prix dans six mois, sur le pied du denier vingt-cinq du revenu actuel, et sans qu'ils puissent estre reçus en ladite dignité qu'après en avoir fait le payement réel et effectif et en avoir rapporté la quittance.

Art. VIII. — Ordonnons que ceux qui voudront former quelque contestation sur le sujet desdits duchez et pairies, et des rangs, honneurs et préséances accordez par nous ausdits ducs et pairs, princes et seigneurs de nostre royaume, seront tenus de nous représenter, chacun en particulier, l'intérest qu'ils prétendent y avoir, afin d'obtenir de nous la permission de le poursuivre et de procéder en nostre Parlement de Paris pour y estre jugez, si nous ne trouvons pas à propos de les décider par nous-mesme ; et en cas qu'après y avoir renvoyé une demande, les parties veuillent en former d'autres incidemment, ou qui soient différentes de la première, elles seront tenues pareillement d'en obtenir de nous de nouvelles permissions, et sans qu'en aucuns cas ces sortes de contestations et de procès puissent en estre tirez par la voye des évocations.

Art. IX. — Voulons que nostre cousin, le duc de Luxembourg et de Piney ait rang tant en nostre cour de Parlement de Paris, qu'en tous autres lieux, du 22 May 1662, jour de la réception du feu duc de Luxembourg son père, en conséquence de nos lettres du mois de Mars 1662, et que les arrests, rendus le 20 de May 1662 et 14 Avril 1696, soient exécutez deffinitivement, sans que nostredit cousin puisse prétendre d'autre rang, sous quelque titre et prétexte que ce puisse estre. Et à l'égard dudit marquis d'Antin, voulons pareillement qu'il n'ait rang et séance que du jour de sa réception sur les nouvelles lettres que nous lui accorderons.

Art. X. — Voulons et ordonnons que ce qui est porté par le présent édit pour les ducs et pairs, ait lieu pareillement pour les ducs non pairs, en ce qui peut les regarder. Si donnons en mandement à nos amez et féaux conseillers, les gens tenant nostre cour de Parlement à Paris, que nostre présent édit ils aient à faire lire, publier et enregistrer, et le contenu en icelui garder et observer, selon sa forme et teneur ; car tel est nostre plaisir ; et afin que ce soit chose ferme et stable à toujours, nous y avons fait apposer nostre scel.

Donné à Marly, au mois de May, l'an de grace mil sept cens onze, et de nostre règne le soixante-neuvième.

Signé : LOUIS.

Et plus bas : Par le roy, PHELYPEAUX.

Et scellé du grand sceau de cire verte, en lacs de soye rouge et verte.

Registrées, ouy et ce requérant le procureur général du Roy, estre exécutées selon leur forme et teneur, et copies collationnées envoyées aux bailliages et seneschaussées du ressort, pour y estre leues, publiées et registrées : enjoint aux substituts du procureur général du Roy d'y tenir la main, et d'en certifier la Cour dans un mois, suivant l'arrest de ce jour. — A Paris en parlement, le vingt-unième may mil sept cens onze.

Signé : DONGOIS.

Imprimé

en l'année mil huit cent quatre-vingt-six

PAR

ALPHONSE LEMERRE

RUE DES GRANDS-AUGUSTINS, 25

A PARIS

www.ingramcontent.com/pod-product-compliance
Lightning Source LLC
LaVergne TN
LVHW021006090426
835512LV00009B/2115